丛书主编 **郑金洲**

教学行为指导丛书

如何进行学生评价

李玉芳 ___ 著

华东师范大学出版社
·上海·

图书在版编目(CIP)数据

如何进行学生评价/李玉芳著.—上海:华东师范大学出
版社,2014.8
(教学行为指导丛书)
ISBN 978-7-5675-2468-2

Ⅰ.①如…　Ⅱ.①李…　Ⅲ.①中小学－教育评估
Ⅳ.①G632.0

中国版本图书馆 CIP 数据核字(2014)第 187681 号

教学行为指导丛书
如何进行学生评价

著　　者　李玉芳
责任编辑　吴海红
审读编辑　帅　男
责任校对　赖芳斌
装帧设计　卢晓红
封面插图　李兴无

出版发行　华东师范大学出版社
社　　址　上海市中山北路 3663 号　邮编 200062
网　　址　www.ecnupress.com.cn
电　　话　021－60821666　行政传真 021－62572105
客服电话　021－62865537　门市(邮购)电话 021－62869887
地　　址　上海市中山北路 3663 号华东师范大学校内先锋路口
网　　店　http://hdsdcbs.tmall.com

印 刷 者　常熟高专印刷有限公司
开　　本　787×1092　16 开
印　　张　11.5
字　　数　187 千字
版　　次　2014 年 11 月第 1 版
印　　次　2021 年 7 月第 3 次
书　　号　ISBN 978-7-5675-2468-2/G·7579
定　　价　23.00 元

出 版 人　王　焰

(如发现本版图书有印订质量问题,请寄回本社客服中心调换或电话 021-62865537 联系)

《教学行为指导丛书》总序

　　教学,尤其是课堂教学,是教育实践中的核心领域,反映着教育实践的状态,体现着教育实践的发展水平。在一定程度上,认识了教学,也就理解了教育;反言之,对教学缺乏认知,也就谈不上对教育的深刻把握。

　　进入 21 世纪以来,我国的教育教学改革不断推向深入,素质教育的全面实施、新课程改革的持续深化,都给教育带来一系列新变化,给教学带来一系列新观念。"为学生提供适合的教育"、"一切为了学生的发展"、"把学习的权利还给学生",诸如此类的说法,已经深入人心,甚至成为教育教学实践的基本话语形式。这些观念顺应当代教育的发展趋势,把学生置于突出地位,彰显出学生在教学活动的重要价值。与以往沿袭多年的教学观念相比,变化甚剧。我们知道,教学观念是对教学的根本认识,在教学活动中,观念意味着定位,观念意味着主线,它规范和引导着教学活动的开展,制约和限定着教师与学生的具体行为。

　　观念需要以行为为支撑。观念先行,才会引发教学的整体变化;观念更新,只有引发行为上的相应调整才有意义,才有生命力。我国的传统文化向来强调伦理纲常,把师生的不平等、忽视学生个性等有意无意当作教学的常态行为。我国现代意义上的学校是近代工业化推进的产物,整齐划一地看待学生、重视教师的知识传递其实已经多少成为教学的"基因组成员"。我们的教学观念向学生转变了,至少是向师生结伴成长、共同发展的方向迈进了,这无疑是重要的一步。接下去,更为重要的一步,是把观念"变现",具体化为行为,细化为教学的操作步骤。这一步,难度更大,也更有挑战性。如果实现不了这一转化,我们的教学观念完全有可能走"回头路",杀"回马枪",重新回到原有的轨道上去,用以前习惯了的行为支配教学。基于这种认识,以新教学观念为指导,厘清教学活动中的各类行为,明确教学实践的基本要领,也就变得日益重要了。

　　教学行为指导,有着把教学中林林总总的行为加以规范化的意蕴,这和教学的艺术化、个性化或者说教师实践智慧的生成并不矛盾。我一向认为,教学的行为变化,大致可以分成这样几个环节:内化——外化——优化——固化——活化。内化是指我们的教学观念在头脑中产生变化,形成关于教学的一系列新认识、新看法;外化是指在内化的观念引导下,教师有意识地转变自己的教学行为,将观念体现为具体生动的实践;初步的外化带有不确定性,常常是泥沙俱下、鱼龙混杂、良莠不齐,在此基础上需要在教学过程中进一步优化;优化了的教学活动不断在实践中验证其正确性,而且确确实实促进了学生的健康发展,带来了师生行为的合目的性、合规律性的变化,就可以将其相对固定下来,成为一段时间行动的基本遵循;固化不等于一成不变,基本遵循不等于亦步亦趋,实践活动是丰富多彩的,教师的教学感受是随情景不断变化的,教师在掌握了相对固化的行为模式后,在具体的教学实践中生成自身的新智慧,找到解决问题的新方法,也就将教学带入了一个新的境界,呈现出艺术化的水平。这几个环节一脉相承,前者是后者的基础,后者是前者的升华。

教学观念的转型或者说更新,引发教学行为深刻变革,对教学行为进行指导看来这是必然的逻辑。随之而来,还有另外一个问题,那就是谁来指导。从理论上来说,能够担当指导职责的人,应该是既精通理论又深谙实践,对教育教学理论前沿洞若观火同时对教育教学实践体察入微的人。这样的人具有指导的权威,而且指导富有力量。但在实践中,寻找这样的指导者甚为困难,了解理论的不见得熟悉实践,在实践中摸爬滚打的不见得有理论素养,因而"合二为一"就难以如愿。在我看来,行为指导一定意义上还是理论指导,还属于一般性质的概要指导,它还是在规范化或者说科学化上做文章,是对教学的带有普遍性的行为特征进行描述和说明。它无法也不能进入到每一个教学行为的具体细部,直面每一个教师提出具体的行为指导要求。这种指导的概括性仍然很强,仍然需要有较深的理论基础,同时也需要对实践有一定的认知。而承担这一任务的较为合适的人选是占有理论、具有新颖观念且在实践"二线"工作的人员,比如在教育学院、教育管理机构等单位或部门工作的人员。本套丛书的作者基本属于这一类别。

如何分析学情、如何撰写教案、如何运用教学方法、如何管理课堂、如何激发学习兴趣、如何进行学生评价、如何进行教学反思,这些司空见惯的教学行为,怎样定位?有何特征?如何实施?注意哪些事项?教师面对哪些新挑战?本套丛书分门别类就这些问题进行了分析,给出了答案。书中的指导性意见,反映了理论的基本要求,实现了观念向实践的转变,也浓缩和提炼了许多一线老师的智慧,相信会给阅读者一定的启示。丛书的编写,错谬难免,敬请读者指正。

郑金洲

2014 年 10 月

前言

　　学生评价是一个历史悠久而又永恒的话题,也是学生、家长、学校以及社会最关心的一个问题。学生评价受到众人的如此重视,根本原因就在于其是一个关涉众人利益的问题。从学生角度而言,学生评价直接影响学生能否健康全面发展;从学校角度而言,学生评价直接决定学校教育教学质量;从社会角度而言,学生评价直接决定公民的整体素质。

　　长期以来,受传统教育观念的影响,人们对学生评价的认识还存在诸多偏差,如将学生评价等同于考试,学生评价的功能被拘囿于选拔和甄别学生。这从根本上忽视、抑制了学生评价的发展性功能,致使学生评价成了素质教育实施的最大障碍,不但严重影响了学生的健康发展,而且影响了我国教育质量的整体提高。

　　本世纪初我国进行的课程改革将课程评价改革作为一个重要内容提了出来。以"为了每一位学生的发展"为核心理念的新课程,倡导的是发展性学生评价。要求评价不仅要关注学生的学业成绩,而且要发现和发展学生多方面的潜能,了解学生发展中的需求,帮助学生认识自我,建立自信,发挥评价的教育功能,促进学生在原有水平上的发展。

　　教师是学生评价的直接实施者。对教师而言,学生评价既是教师工作的重要内容,也是教师工作的重要手段。实施科学、有效的学生评价,既是教师促进学生发展的重要手段,也是确保教育教学质量的重要保障。具备科学的评价理念,掌握专业的评价知识,形成娴熟的评价技能,是教师开展教育教学工作的必要条件,也是教师必备的专业素养之一。

　　教师必须从认识上厘清学生评价的作用、意义,把握新课程中学生评价的价值取向,形成专业的评价技能,确保学生评价科学、有效,为学生的发展保驾护航。

目录

第四章
终结性学生评价……117

第一章
认识学生评价

一、学生评价界说

对学生学习情况作出评价,古已有之。有据可查,在我国西周时期就初步建立了教学考评制度,对学生评价的内容、标准也作了明确规定,如《学记》所记载:"一年视离经辨志,三年视敬业乐群,五年视博习亲师,七年视论学取友,谓之小成;九年知类通达,强立而不返,谓之大成。"这是世界上最早的学生评价。

学生评价不仅是教师了解学生的重要手段,而且是促进学生成长与发展的重要手段,也是学生自我完善的重要参照。通过学生评价,还有助于教师了解教学得失、改进教学质量。然而在很长一段时间,由于传统文化和应试教育的影响,人们对学生评价的理解和认识还存在诸多偏颇和错误。如很多人常常把学生评价等同于考试,认为学生评价就是对学生学业情况作出评判。如此理解学生评价,无疑窄化了学生评价的内容,降低了学生评价的价值,削弱了学生评价的功能。要使学生评价发挥其应有的作用,首先需要全面把握学生评价的内涵。

界定学生评价,要先了解一下"评价"的含义。从字面意义理解,评是评论、评判、在比较中作判断的意思,价是价值、估价的意思。评价就是判断事物的价值,评判价值的高低。从本质上来说,评价是一种认识活动,是指衡量、判断人或事的价值的过程,这个过程包含测量和评估两部分。测量是通过收集信息了解人或事的发展状况,评估是在掌握了人或事的发展状况的基础上,根据一定的标准对人或事的发展状况作出判断。从性质上来说,测量是事实判断,评估是价值判断,测量是评估的基础,评估需要测量提供依据。同时,测量也需要评估赋予意义。可见,评价是一种以测量为基础,并根据一定的标准,对人或事进行估价的活动。

据此,我们可以把学生评价理解为:学生评价是在一定教育价值观指导下,根据一定的标准,运用现代教育评价的一系列方法和技术,对学生个体成长发展情况进行判断的活动。它包括学生发展的各个方面,既包括对学生学业情况的评价,也包括对学生非学业情况的评价;既包括对学生智力因素的评价,也包括对学生非智力因素的评价;既包括对学生发展结果的评价,也包括对学生发展过程的评价,等等。

二、学生评价的类型

学生评价是一项很复杂的活动,涉及人数多,内容杂,范围广。根据不同的维度,学生评价可以分为不同的类型。根据评价内容的复合程度来划分,可分为单项评价和综合评价;根据评价的方法来划分,可分为定量评价和定性评价;根据评价主体来划分,可分为他人评价和自我评价;根据评价参照的标准来划分,可分为相对评价、绝对评价和个体内差异评价;根据评价对象的覆盖面来划分,可分为全体评价、部分评价和抽样评价;根据评价所用的载体来划分,可分为言语评价和非言语评价;根据学生的学习过程来划分,可分为学习过程的评价和学习结果的评价;根据评价的历时性来划分,可分为诊断性评价、形成性评价和终结性评价。

学生评价贯穿于教学全过程,本书重点介绍根据学生评价的历时性(即在一个教学时间段内按时间先后顺序出现的评价)所做的分类:诊断性评价、形成性评价和终结性评价。从实践的角度看,这三种评价类型涵盖了从评价内容、评价方法、评价主体、评价标准、评价载体等角度进行的分类。

(一) 诊断性评价

诊断性评价又称"事先评价",是指在进行教育活动之前进行的评价。其目的是为了了解学生的发展现状或为了掌握学生发展中存在的问题、原因,以便采取符合评价对象实际情况的措施,做到对症下药。如我们平时进行的"摸底"考试就是诊断性评价。这里的诊断包含两方面的内容:一是症状诊断,二是原因诊断。前者旨在对评价对象的当前状态作出判断,着重找出存在的问题,后者则意在明确问题的基础上,对存在问题的原因进行分析,以"对症下药",加强问题解决的针对性和实效性。

诊断性评价一般在课程、学期、学年开始或教学过程中需要的时候实施,它涉及的内容主要有:学生前一阶段学习中知识储备的数量和质量;学生的性格特征、学习风格、能力倾向及对本学科的态度;学生对学校学习生活的态度、身体状况及家庭教育情况等。

概括来说,诊断性评价的作用主要有:(1)确定学生的学习准备情况,明确学生发展的起点水平,为教学活动设计提供依据;(2)识别学生的发展差异,适当安置学生;(3)诊断个别学生在发展上的特殊障碍,以采取相应的补救措施。

(二)形成性评价

形成性评价又称"即时评价"或"过程评价",是在教育教学活动过程中,为调节和完善教学活动、促进教学效果而对学生学习和发展状态进行的连续性评价。

形成性评价最初由斯克列汶(G. F. Screven)1967年在论述关于课程改进时提出,原意是在活动进行的过程中,为使活动效果更好而修正其本身轨道而进行的评价。这就是说,形成性评价的主要目的是为了明确活动进行中存在的问题及改进的方向,并及时修改或调整计划,以获得更加理想的效果,而不是为了判断优劣、评价成绩。

第一次将形成性评价运用于教学活动的是美国心理学家布鲁姆(B. S. Bloom)。他认为,形成性评价不仅是改进教学工作、提高学习效果的重要手段,而且是促进学生智能发展、充分挖掘学生学习潜能的重要手段。在布鲁姆看来,形成性评价的主要任务是:(1)调整学习活动。明确规定每个学习阶段的学习目标及评价项目,划分出学习单元和具体课时,并根据评价结果及时调整学习活动。(2)强化学生的学习。形成性测试能使学生明确是否已达到了阶段目标、存在的问题及今后的努力方向,从而调动他们的积极性,增强其自信心,以起到强化学习活动的作用。(3)发现存在的问题。通过分析测验发现的问题,可以找到产生错误的原因,为学生克服学习上的困难提供有效信息,同时为确定新单元的学习目标提供必要依据。(4)提供学习的矫正处方。根据对存在问题的分析,给学生及时的辅导和帮助,使他们自觉地改正错误,提高学业成绩。这不仅有利于学生全面地完成学习任务,而且有利于发展他们的认知能力。[①]

与诊断性评价不同,形成性评价一般是在教育活动过程中开展,其主要功能有:(1)引导师生教学行为。形成性评价是以学生阶段性发展目标为依据开展的,评价结果不仅为学生学习行为指明了方向,也为教师教学行为指引了目标。(2)强化学生学

---

① 教育部基础教育司、教育部师范教育司:《新课程与学生评价改革》,高等教育出版社 2004 年版,第 35 页。

习行为。形成性评价能够判断学生是否达到阶段性目标以及达到的程度,肯定学生已经取得的成果,增强学生的自信心,提高学生的学习兴趣,从而强化学生的学习行为。(3)矫正师生问题行为。形成性评价能够及时发现师生教学行为中存在的问题和不足,并根据教学目标,矫正自己的问题行为。

形成性评价的主要特点有:(1)重视评价过程。形成性评价注重学生的学习过程,而不仅仅是学生的学习结果。(2)重视学生在评价中的作用。在形成性评价中,学生不仅是评价的客体,而且是评价的主体。(3)重视评价的发展功能。形成性评价的结论主要是为学生发展提供服务,而不仅仅是为了区分学生的优劣。

(三) 终结性评价

终结性评价又称"事后评价"、"总结性评价"或"结果评价",是在教育教学活动告一段落时,为了解学生发展结果而进行的评价。其目的是评价学生通过一段时间的学习之后,是否达到了预期目的或取得进步,以便对学生在某个时间段的发展水平得出总结性结论。如我们通常举行的期中、期末考试、毕业会考等都属于终结性评价。

与形成性评价相比,终结性评价注重的是结果,根据结果对评价对象进行全面鉴定,区分等级,并对整个教学活动效果作出评定。

终结性学生评价对教育教学活动具有多方面的作用:(1)鉴定学生发展水平。终结性评价考查的是学生在某一时间段内的整体发展状况,并对照既定目标,鉴定学生的发展程度。(2)为学生发展提供反馈。终结性评价可以为学生提供前一段发展情况的信息,使学生明确自己做得好的地方和存在的不足。(3)确定学生后继发展的起点。终结性学生评价不仅对学生某一时间段内的发展状况作出鉴定,同时为学生后续发展提供依据。

终结性评价的主要特点有:(1)概括水平一般较高。终结性评价是对学生某一时段的整体性评价,涉及的内容和范围较广,是一种综合性评价。(2)频率较低。终结性评价是对学生某一时段内发展状况作出的评价,进行的次数或频率不多,一般是一学期或一学年两三次。(3)费时费力。终结性评价涉及的人数较多、内容较广、要求较高,实施起来费时费力。

需要说明的是,诊断性评价、形成性评价和终结性评价的划分只是相对的,三者之间并非完全割裂、互不相干。相反,三者共存于教育教学过程中,各有侧重地发挥不同的功能,三者之间密切相联、相互交融、相互提供信息和依据。如诊断性评价可以为形成性评价和终结性评价指引方向,形成性评价可以为终结性评价提供依据和参照,同时终结性评价又赋予形成性评价更深的意义,并为诊断性评价提供参考。

三、学生评价应遵循的原则

学生评价原则即学生评价的基本要求或准则,遵循评价原则是保证学生评价效果的基本前提。一般来说,进行学生评价,应遵循如下基本原则。

(一) 发展性原则

斯塔费尔比姆强调:"评价最重要的意图不是为了证明,而是为了改进。"这就要求我们在对学生进行评价时,首先必须坚持发展性原则,注重评价的发展性功能,发挥评价的发展性作用。不但要通过评价促进学生在原有水平上的提高,达到基础教育培养目标的要求,更要发现学生的潜能,发挥学生的特长,了解学生发展中的需求,帮助学生认识自我,建立自信,以达到不断促进学生发展的目的。

(二) 全面性原则

学生是整体的人,其发展表现在方方面面,同时,学生的发展水平不仅以静态的结果表现,而且表现在动态的过程中。这就要求我们在进行学生评价时,必须坚持全面性原则。其一要实现评价内容全面化。不仅要评价学生的知识和能力,而且要评价学生的态度、情感、价值观,以促进学生全面、和谐发展;其二,评价信息要全面。不仅要对学生学习结果进行评价,而且还要关注学生在学习过程中的表现。这就要求评价者要广泛地、充分地、全面地占有评价信息,在占有充分、全面评价信息的基础上,对学生作出全面、客观、公正的评价。

(三) 差异性原则

世界上没有完全相同的两片树叶,同样,世界上也没有完全相同的两个人。根据美国心理学家加德纳的多元智能理论,人的智能可以分为语言、逻辑数学、空间、身体运动、音乐、人际关系、内省(自我意识)、自然观察等8种智能。他认为,每个人都有多种智能,这些智能会以不同的方式进行组合和运用,以完成不同的任务,解决不同的问题,并且在不同的领域上发展。不同的人在这8种智能上的表现是不同的,每个人都有自己最擅长的智能领域,每个人都有可资发展的潜力,只是表现的领域不同而已。这就要求在进行学生评价时,必须坚持差异性原则,而不能以统一标准要求学生。

【案例】①

  2002年5月23日《南方都市报》发表了一篇题为《学生写春天不好竟被批评》的报道。文章的内容是说武汉新洲区某小学六年级(一)班的学生,4月底,学校组织春游,语文老师布置了一篇以"春天"为题的作文。全班同学交了作文。61名学生中大多以"春天好"为题,赞美春天和风细雨,花红柳绿。唯有一个学生的作文与众不同,认为春天并不好:春天细菌繁殖旺盛,夏季蚊虫都在这时孳生;春天易流行感冒;春天雨水淅淅沥沥下个不停,很烦人,像个爱哭的小姑娘总也止不住,冷热不均,忽冷忽热。在作文点评课上,这名同学因在文中指出"春天并不好"受到了老师的严厉批评,说有同学不停地在作文中写春天不好,是不听老师讲解,胡思乱想,跑了题的结果。

写作文的主要目的无非就是培养学生观察生活、发现生活、感受生活的兴趣和能力以及锻炼学生的思维和逻辑能力,包括语言组织能力和驾驭能力。案例中大多数学生对春天的赞美值得肯定,而那位"与众不同"的学生对春天实事求是的"批评"更值得鼓励。教师对该生"与众不同"作文的否定无疑是在用统一标准来评价学生。这样做的后果不仅打击了该生的写作积极性,而且抹杀了该生的创新思维。这与学生评价的

---

① 肖旭平:《浅析中学课堂中评价语言存在的问题》,http://www.fyeedu.net/info/72915-49.htm,2013-08-01。

初衷是相悖的,也是学生评价应杜绝的。

【案例】①

一年级某班的一堂公开课教学已接近尾声,教师用屏幕投射一组巩固题,让学生用"种"等字组词,并说句话。

生1:农民伯伯在田里种菜。

生2:姐姐在花园里种花。

生3:哥哥在院子里种树。

师:同学们说得真好,掌握得真牢固!(正准备下课,冷不防,教室后面冒出一个声音——)

生4:老师,可不可以说种太阳?(闻听此言,孩子们哄堂大笑,老师却"借题发挥"。)

师:嘘——好孩子!可以!但你为什么要这么说呢?(老师眼含情,嘴含笑,轻抚小孩的头。)

生4:(满怀信心地)不是有一首歌叫《种太阳》吗?

师:没错,想得多好!我们一起把这首歌唱出来好吗?

生:(齐)好!(师生齐唱)

师:谁还有独特的想法?

生5:毛主席在井冈山种下了革命的火种。

师:太棒了!你是怎样想到这句话的?

生5:我听爸爸说的。

师:你和你爸爸都很了不起!想听听这里的故事吗?

生:(齐)想!

老师满怀激情地介绍。孩子们似懂非懂,但在老师激昂的情绪感染下,都陶醉地笑了。

相比上一个案例,该案例中教师的做法就要科学得多。如果教师固守一个评价标准,面对学生"种太阳"的答案,面对全班同学的哄堂大笑,简单地否定学生的"与众不

---

① 刘光霞:《中小学学生评价技巧集粹》,浙江教育出版社 2005 年版,第 111 - 112 页。

同"的另类答案,那么,学生思想的火花可能会就此熄灭,创新思维也可能就此被扼杀,甚至,学生在课堂上再也不愿或不敢回答老师的问题。相反,案例中的教师面对课堂上学生发出的"不和谐"之音,没有简单否定,更没有当头棒喝,而是用期待的眼神,鼓励的语气,激发了学生的自信,保护了学生的自尊,鼓励了学生的创新。学生答案由最初的"种花"、"种草"、"种树"到"种太阳"、"种革命的火种",不仅仅是知识方面的拓展,更是思维方面的提升。教师所给予的"想得多好"、"太棒了"、"你和你爸爸都很了不起"诸如此类的评价,如同一阵花香、一股清泉沁入学生的心脾、拨动学生的心弦、激发学生的热情、鼓舞学生的创新。

(四) 激励性原则

学生评价的目的是促进学生的发展,而不是惩罚、整治学生。对学生进行评价,不等于是对学生进行审判。在评价中,教师要坚持表扬为主、批评为辅的原则。教师对学生肯定的、鼓励性的评价,可以增强学生的自信心,激发学生的学习兴趣,点燃学生积极进取的愿望。而一味的负面评价,则可能打击学生的自信心,使学生产生消极失望的情绪,并有一种挫败感,以致产生破罐子破摔的想法。因此,教师应以积极的正面评价为主,发挥评价的激励作用。特别是对一些后进生,教师更要保护他们的积极性,及时对他们的"闪光点"给予鼓励性评价,给他们上进的信心和勇气。

【案例】①

李泉是一个热爱集体、乐于助人的学生,但学习成绩却不怎么好。在一次课堂练习中,老师让他们用"虽然……但是……"造句。李泉造的句子是这样的:"虽然我爱帮助别人,但是我的成绩不好。"显然,从语法角度看,李泉造的句子并没有错。但老师在看了李泉的句子后,并没有直接评价他造的句子,而是语重心长地对他说:"你愿意把'我爱帮助别人'和'我的成绩不好'调换一下吗?"李泉抬头看了看老师,很快就改好了:"虽然我的成绩不好,但是我爱帮助别人。""你读几遍,感觉怎样?""老师,我的成绩?"他仍在为他的成绩而自责。老师温和地鼓励道:"你是一个乐于助人的好学生,学生成绩不好,是因为你以前没有认真学习,咱们慢慢补上来,好吗?"李泉露出了久违

---

① 李团结:《一个造句带来的改变》,《班主任之友》,2007 年第 10 期。

的笑容……以后的日子里，李泉的学习态度渐渐发生了变化，作业书写也认真起来，课堂上也敢大胆举手回答问题了，成绩也在一点点提高，最可喜的是他现在越来越自信了。同时，李泉仍然默默地为班级做好事，热心帮助同学。

案例中教师的做法充分体现了评价的激励性原则，教师对李泉造的句子并没有仅仅从认知角度评价，而是进一步从价值观、情感、态度的角度评价，弱化了李泉成绩不好的缺点，凸显了李泉爱帮助别人的优点，即使是对李泉成绩不好的原因，教师也将其归结为学习态度不端正，即"以前没有认真学习"，而不是简单武断地否定李泉的学习能力。无疑，教师对李泉的肯定性评价，保护了他的积极性和自信心，给了他努力的动力和信心。正是因为教师从头到尾的激励性评价，李泉才有了后来发生的一系列喜人的变化。

(五) 引导性原则

学生评价中，教师不能简单对学生的表现给予肯定或否定，尤其是当学生出现错误时，教师更不能一口否定，而应因势利导，循循善诱，启发引导学生。

【案例】①你写这个"裢"字时怎样想的？

有位教师让一位学生在黑板上写"连衣裙"三个字，那位学生写成"裢衣裙"。这位教师没有生硬地批评学生，而是顺水推舟地加以启发引导。

师：你写这个"裢"字时怎样想的？

生：连衣裙是衣服类，所以要加"衣"字旁。

师：连衣裙是怎样的一种服装？

生：衣服连着裙子。（稍停，学生自悟）啊，错了。"连"字表示连接，不能加"衣"字旁。

师：对！"连"字在这个词中表示连接，不能加"衣"字旁。但"连"字确实可以加上不同的形旁构成新的形声字。谁能说出几个？

同学列举：莲、链、涟、鲢。

---

① 阎承利：《教学最优化艺术》，教育科学出版社1995年版，第183页。

显然,案例中的学生写错别字是受了形声字的干扰,教师如果简单否定,很可能造成学生对形声字的构字规律感到困惑,甚至产生混乱。这位教师巧妙地因势利导,启发学生从对词义的理解去发现问题,既纠正了错别字,又保护了他原来思维中的合理因素,可谓一举两得。

(六) 客观性原则

在素质教育、赏识教育、成功教育等先进教育理念的影响下,很多教师一改以前批评多于表扬的做法,从一个极端走向了另一极端,学生评价中表扬之声不绝于耳,"好"、"你太棒了"、"表现不错"等等成为教师的口头禅。更有甚者,教师为了增强效果,故意以夸张的语言对学生的行为进行无根据的拔高。殊不知,这不但没有达到表扬的效果,反而招致了学生的反感。

【案例】

一位教师执教朱自清的散文名篇《匆匆》时,请一名学生朗读课文,这位学生读得很有感染力,教师竖起拇指说:"你的朗读水平简直超过了赵忠祥。"当时所有学生都用惊讶的目光望着教师,部分学生交头接耳并发出真正别样的唏嘘声,这位学生脸上的表情也显得很不自在。

提倡激励性原则,并不是要教师不切实际地一概表扬学生,而一定要从学生的实际情况出发,给予客观的评价。故意贬低或虚假表扬都会给学生带来不良影响,故意贬低会伤害学生的自尊,打击学生的自信,挫伤学生的积极性,而言过其实的表扬也会让学生尴尬,并招致其他学生的反感。案例中,教师对这位学生的评价就有些言过其实了,这位学生的朗读水平真的超过了赵忠祥吗?如果教师换一种评价语言,如:"读得不错,继续努力,我相信你长大以后一定会成为第二个'赵忠祥'的。"效果可能会好些,因为实事求是才能让学生在教师的评价中更加客观正确地认识自我。

(七) 宽容性原则

常言说得好,人是在不断出错的过程中成长的,学生亦如此。其实,学生出错并不可怕,因为无论是从教育学的角度,还是从评价学的角度,学生的差错都是一种教育资源,它可以使教师发现学生学习和发展过程中存在的问题,有助于教师对教育教学查漏补缺。因而,对于学生出现的差错,教师一定要坚持宽容的态度,善待学生的错误,分析学生的错误,研究学生的错误,纠正学生的错误。这样,既保护了学生的自尊心,也给了学生纠正错误的机会和积极上进的动力。

【案例】

　　一位教师在谈起自己为什么不喜欢数学时,道出了隐藏心中多年的伤痛。他说,他在小学一二年级的时候,十分爱好算术,能迅速加减五位数、六位数,而且准确率几乎达到 100%。家人勉励他:"好好学习,将来当个数学家。"他暗暗自喜。可是在升入三年级的时候,却发生了意外。那时刚学乘法口诀。有一天老师问他:"三三得几?"他不假思索地回答:"三三得六!"老师大声地追问:"好好想一想,三三得几?"他暗想:两个三还是六,老师大概在考验我吧。于是他自信而大声地说:"三三得六。"这时,老师脸色大变,要他走到讲台边,把手心摊在讲台角上。她拿出一把戒尺,严肃地对他说:"自己数一数!"然后就在他手心上连打三个三下,再问:"三三得几?"当时,他哪有心思去数,手疼且不说,疑惑、惭愧、愤怒,各种情绪都交织在一起,眼眶中含着泪水,等老师打完手心,再问他时,他倔强而发泄地高叫:"三三得六!"老师看看他异样的神情,命令他走到黑板边的墙角面前站着,一直站到下课铃响。其间老师再讲些什么,他都没有听见,只在心底里发誓:"我再不想当数学家了!"自从那节课后,凡是算术课,他就不认真,碰到算术老师就避着走。

　　可以设想,如果当时教师能够包容学生的错误,分析学生出错的原因,并采取方法及时纠正,可能情况会大有不同。然而,教师的失误或失败之处恰恰就在于没能包容学生的错误,更没有给予学生纠正错误的机会。恰恰是教师对学生错误的不包容,不知折断了多少学生高飞的翅膀,改变了多少学生孜孜以求的理想。因为,教师断然否定的不仅仅是学生的答案,更重要的是学生的自信、自尊和勇气。可见,宽容在学生评价中的重要性。

四、新课程倡导的学生评价价值取向

为了促进学生更好地发展,本世纪初我国进行的课程改革将学生评价改革作为一个重要内容提了出来。2001 年我国教育部颁布的《基础教育课程改革纲要(试行)》明确提出:"改变课程评价过分强调甄别与选拔的功能,发挥评价促进学生发展、教师提高和改进教学实践的功能。""建立促进学生全面发展的评价体系。评价不仅要关注学生的学业成绩,而且要发现和发展学生多方面的潜能,了解学生发展中的需求,帮助学生认识自我,建立自信。发挥评价的教育功能,促进学生在原有水平上的发展。"

2002 年 12 月教育部颁发的《关于积极推进中小学评价与考试制度的通知》也明确提出:"中小学评价与考试制度改革的根本目的是为了更好地提高学生的综合素质和教师的教学水平,为学校实施素质教育提供保障,充分发挥评价的促进发展的功能,使评价的过程成为促进教学发展与提高的过程。"据此,我们可以把我国新课程倡导的学生评价价值取向概括如下。

(一) 评价目的:促进学生更好发展

促进一切学生发展是新课程的核心理念,也是新课程学生评价的核心理念。新课程理念下的学生评价,不再是为了对学生进行甄别和选拔,不再是为了把学生分成三六九等,而是强调评价的发展性功能,将学生发展和教师发展、学校发展融为一体,实现以评促学、以评促教,从而促进学生更好地发展。

新课程倡导的是发展性学生评价,提出了评价应关注学生学习过程,诊断学生成长中的问题,挖掘学生存在的潜能,了解学生的需求,从而发挥评价的改进与发展功能。在新课程学生评价中,学生评价从过去的"目的"变为"手段",它依据新课程提出的培养目标,不仅注重学生现在的表现,而且关注学生的过去和未来;不仅关注学习结果,而且关注学习过程;不仅对基础知识与基本技能的掌握情况进行评价,而且对学习能力、学习方法以及情感、态度、价值观等方面进行评价，从而促进学生全面、和谐、持续地发展。

（二）评价内容：注重综合评价

学生是整体的人，学生发展表现在各个方面。学生评价内容必须涵盖学生发展的方方面面，以新课程提出的"知识与技能、过程与方法、情感态度价值观"的三维课程目标为依据和旨归，实现评价内容的综合性，从德、智、体、美等方面综合评价学生的发展，既要重视学生的学习成绩，也要重视学生的思想品德以及多方面潜能的发展；既要注重对学生认知水平的评价，也要注重对学生非认知方面的评价，以促进学生综合素质的提高。

（三）评价方法：定量评价与定性评价相结合

评价内容决定评价方法的选择，随着评价内容的综合化，量化的评价方式已不能全面、客观地评价出一个人的真实发展水平。因此，新课程中的学生评价强调质性评价，注重评价方法的多元化。除考试或测验外，还要通过表现性评价、成长记录袋评价、日常行为观察等方法，以作业、学习日记、考试等形式对学生进行全程、全面的评价，以更清晰、更准确地描述学生的现状和进步。

（四）评价主体：学生自评与他人评价相结合

任何评价结果只有被被评价者所接受，才能产生效果，才能转化为改进的动力和行为。因此，新课程评价不但注重教师、家长等在学生评价中的作用，而且强调学生在评价中的主体地位，重视学生自我评价的意义和作用。学生从被动的被评者，转变为主动的自评者，学生评价成了自我反思、自我教育、自我发展的过程，既调动了学生的积极性、主动性，也保证了评价效果。

（五）评价形式：过程评价与结果评价相结合

学生发展是一个动态过程，教育教学过程就是学生发展的过程。因而，新课程在肯定结果性评价的同时，更强调过程评价，要求学生评价必须贯穿于教育教学过程，而不是游离于教育教学过程之外，使评价回归学生日常生活，回归日常教育教学过程，以发挥评价的本体功能,实现以评促学、以评促教。

概而言之,新课程倡导的是发展性学生评价。发展性学生评价将学生发展和教师发展、学校发展融为一体,学生评价不再是为了对学生进行甄别和选拔,不再是为了选拔适合教育的儿童,而是为了改进教师的教学,创造适合学生发展的教育,使教师、学生都能成为评价结果的获益者。学生评价不仅为学生发展服务,而且要为教师教学决策和学校发展规划服务。

第二章
诊断性学生评价

【案例】①

    某新学期刚一开始,班里有一位同学曾在两周之内连续打架三次。第一次他打完后,我将其训斥了一顿;第二次他打完后,我让他写了检查;第三次,我吸取了前两次的教训,采取软措施。先是把他请到办公室,让他坐下,而后再耐心仔细地了解情况。谁知,该生除了回答我几个不相关的问题外,对于情节的关键性问题都一言不发。事后,对于这三次教育的失败我进行了思考:原来我只看到了他打架斗殴这一表面现象,而忽略了对其行为心理动机的分析,实际上我是在没有找到"病因"的情况下胡乱"下药",最终导致了失败。于是,我向和他关系要好的几名同学了解情况。原来,该生父母离异,法律将其判给了他的父亲,而他的父亲常年在外奔波。时间一长,他渐渐对生活、学习失去了兴趣,抱着"当一天和尚撞一天钟,得过且过"的思想混日子。找到"病因",明确目的后,我先联系了该生的父亲,向他讲明了情况,取得了他的支持。然后又在某一天的中午,我和该生一起吃完了午饭,并在办公室拉起了家常。以后的日子里,我经常从学习、生活等方面对其进行关怀、照顾、教育和鼓励。精诚所至、金石为开,我的行为终于唤醒了他那颗沉寂的心,最后他振作起来了。后来他不仅改掉了打架的毛病,还当上了班干部。

上述案例中,教师最开始的教育工作之所以没有取得预期效果,原因就在于该教师并没有了解学生打架背后的原因,而只是想当然地采取了一些措施。可以说,教师犯了"没把脉,就开药"的错误。或者说,教师忽视了诊断性评价在学生发展中的作用。相比较之前的做法,后来该教师的做法就比较科学,在了解学生犯错的真正原因之后,采取了针对性的措施,效果自然令人可喜。

诊断性评价一般通过分析学生有关书面材料、问卷调查、访谈、导学案、测验等形

---

① 陆德玉:《浅谈中学班主任家访应遵循的几个原则》,《学周刊》,2012 年第 11 期。

式来实施。

一、分析学生有关书面材料

【案例】

    现在的我虽然表面上活泼开朗、爱说爱笑,但如果不说,谁也不会想到我是多么地自卑。我常常觉得,我的这种自卑是从小学一年级开始的。那时的学校生活在我眼里是黑色的,老师在我的心目中也是严厉的代名词,仿佛永远高高在上,不可接近。这都是因为一年级到三年级时的那位班主任老师,我已经记不起她的姓名和容貌,留在我心目中的只有那双充满嘲笑和不屑的眼睛。那时候,农村的教师很缺,她就是一个民办代课教师,脾气很暴躁,经常体罚学生。而小时候的我很贪玩,一年级冬天的一个早晨,我起晚了,匆匆穿上衣服就往学校跑,刚上课就被叫到了讲台上,她让我在黑板上默写头一天学过的生字。我当时神儿还没有定下来,站在黑板前一个字也写不出来。老师满脸厌恶与蔑视地对我说:"写不出来吧?你自己低头看看,像什么样子。"我一看,原来是匆忙中把上衣的扣子扣错了。我当时羞得满脸通红。她却不屑地挥了挥手说:"站墙角去!"还一边嘀咕着"小姑娘家怎么这么笨!"当时不到8岁的我就在同学们的嘲笑和她不屑的眼神中站了一节课。我不知道这漫长的一节课是怎么熬过来的,只记得她神情中的厌恶甚至是瞧不起。从那以后,尽管自己学习很好,但我依然觉得老师和同学们瞧不起我,见了老师也不敢多看一眼,更别说打招呼了,和同学比总觉得自己哪儿也不如别人好。自卑就像一条毒蛇时时困扰着我。

案例中的学生对自己的性格进行了全面的剖析,并回忆和分析了自己"自卑"性格形成的原因。这都为教师的教育教学决策提供了有力的依据。如果教师善于和乐于分析学生的有关书面材料,相信教师能够针对该生作出适切的教育教学行为。相反,如果教师仅凭外表判断,可能会作出不符合该生性格特征的教育教学行为,甚至做出对该生造成再次心理伤害的行为。因此,进行教育教学活动之前,教师要注重对学生有关书面材料进行分析,从中搜集学生学习和发展状况,对学生的现有发展状况进行诊断,从而采取更有效的教育教学措施。

有关学生的书面材料很多,概括起来大致有三类:一是学生档案材料,如成长记录册、学籍卡、历年的成绩和操行、体格检查表、有关奖惩的记载等;二是班级记录资料,如班级日志、班会和团支部会议记录等;三是学生个人写的资料,如作文、日记和作业等。

有关学生的书面材料是学生管理中的一项重要内容,分析资料可以掌握学生自身发展状况及其家庭、社会交往等全面情况,可以了解他们每个方面的历史与现状及其发展变化的情况与趋势。这些情况不仅对教师有价值,而且让家长与学生了解也很有意义。

对于学生众多的书面材料,如何分析才能获得有价值的信息,需要教师注意以下几点。

(一) 对材料做系统分析

人的发展是一个连续的过程,学生学习的过程和内容也都有一定的连续性。因此,对学生进行诊断性评价要详细了解学生先期的相关成长记录,从中了解学生发展的历程、变化及发展趋势,以更好地引导和帮助学生。

(二) 对材料做整体分析

学生的发展受到诸多因素的影响,同时学生的发展也表现在诸多方面,因而了解学生,需要教师对学生的这些书面材料做整体分析,不应只看学生某一方面或某一学科的发展状况。如有可能,要对学生的相关材料全面了解,全盘把握学生的成长环境、成长经历、优劣长短,以更好地长善救失、因材施教。

(三) 注重捕捉材料背后的东西

书面材料更多是对学生相关情况的客观记录,对学生进行评价,还必须分析这些材料背后的东西,即分析材料的真实内涵和意义。如对学生学习水平的定性,不能仅仅停留于成绩记录册上的分数,还要分析学生取得这些成绩的原因以及更深层次的动机,从而获取充足的诊断信息。对学生作业中存在的错误,教师也要分析其出错的原因,而不仅仅评判作业的对与错。

【案例】真希望我是个差生

我是一位学习成绩不错的学生,但是父母对我的要求太高了,任务太难完成了,让我不得不想:"要是我是个差生那该多好啊! 每天不做作业,看电视,玩电脑,多自由啊! 可现在我是好学生,每天放学回家不得不做作业,每天不得不把课文背出来,考试不得不在85分以上。"我喜欢玩,喜欢疯狂,可好学生必须得学习,必须认真学。六年级了,根本没有玩的时间,整天的时间排得满满的。如果我上课稍一走神,就会被老师以种种方式提醒,甚至被老师批评。即使看一会电视,我也有种犯罪的感觉。如果是差生,就是上课睡觉老师也不管。唉! 说着说着,心里就不由自主地羡慕起差生来了。同学的不理解,父母和老师的期待,让我感觉活着好累好累。要是我是个差生,有进步了还可以得到老师的表扬呢! 可好学生呢? 好像必须要做对,如果错了,就会让同学看不起。差生以为我们好学生喜欢读书,喜欢考试,喜欢做作业,但他们错了,我们也不喜欢学习,因为学习太苦,太累,我实在不敢想象以后初中、高中……有多苦。

唉! 真希望我是差生啊! 那样父母就不会对我有太大的期望,这样,就算我完成不了他们的期望,他们也不会过于失望。

上面这篇心情日记真实地展现了一位学习成绩不错学生的生存状态,其中不难看出这位学生内心的烦恼、痛苦和无奈。日记真实流露了该学生的内心世界,也表达了该学生对家长、教师理解和关心的呼唤。如果教师读到了这篇心情日记,相信所有教师都不会无动于衷,相信所有教师都会站在学生的角度,努力完善自己的教育教学行为,热心帮助学生走出心理的阴影。

二、问卷调查

（一）问卷调查的概念

所谓问卷调查，指的是通过设计系列问题，采用书面问卷的形式向被调查者了解某一问题的研究方法。问卷调查不受地点、时间和人数的限制，具有省时、节力、高效等特点，这使问卷调查成为教育教学研究中最基本、最常用的一种研究方法，也是教师常用的一种评价方法。通过调查，可以有效地获取学生学习技能、学习习惯、学习态度等方面的发展情况或弄清有关学生的某个问题。

调查的对象主要是学生，此外，还可以是学生的家长、亲友、任课教师、母校教师和原班主任以及其他有关人员。具体调查哪些人员，要根据调查任务来确定。

从调查内容来看，调查可以分为综合调查和专题调查。综合调查是为了了解学生德、智、体各方面发展变化的全面情况，以便教师制订教育教学工作计划。专题调查是为了了解学生个人或集体中发生的某个方面的问题，以便采取有效措施，有的放矢。

（二）问卷的结构

问卷是以书面形式事先设计好的系列问题的组合，它反映出调查者希望获得的信息。一般来说，一份规范的调查问卷在内容上主要包括标题、导语、个人基本情况、问题和结束语几部分。

1. 标题

标题是整个问卷的浓缩，出现在问卷的最开始。一般来说，标题要涵盖以下几方面的内容：调查目的、调查对象、调查内容等几方面，如"××小学学生学习习惯现状调查"，由此标题可知，本问卷调查的目的是了解小学生学习习惯，调查对象是××小学的学生,调查内容是和学习习惯有关的行为。标题一般要用中性词来简要概括调查目的,尽量不要用主观性和敏感性词语,以避免引起学生的消极情绪,最终影响调查结果。

2. 导语

导语是整个问卷的开头部分,其作用是告知调查对象研究的意图与用途,更重要的是要交代清楚如何填写问卷,以避免误解带来的差错。如果问卷中涉及个人评价的一些问题,应写明问卷仅为研究使用、问卷不署名、调查者负责保密等解除被调查者顾虑的话,以提高答卷的真实性。

3. 个人基本情况

个人基本情况是根据调查目的需要被调查者填写的个人基本信息,一般包括性别、年龄、班级、兴趣爱好等内容,这部分要求填写的项目一般都是评价中涉及的必需的信息。

4. 问题

问题是整个调查问卷的主体,是调查指标的具体化,是被调查者所要填写的主要部分,也是评价者获得有用信息的最主要来源。问题的设计是调查研究的核心工作,是决定整个调查价值的关键。

5. 结束语

结束语在问卷最后,一般是对答卷者表示致谢之类的话语。

(三) 问卷调查的实施

1. 设计问卷

问卷是进行问卷调查的工具,设计问卷是进行问卷调查的首要工作,也是问卷调查的重要工作。问卷设计是一项十分细致的工作,它既要使问卷体现教师的意图,又要使答题者能认真真实回答。所以,在设计问卷时,教师除了要对自己所要评价的课题有清楚的了解,还要了解与本课题相关的知识和实际经验,做到心中有数,同时掌握好一些技巧。

能否设计一份科学、合理的问卷,直接决定了问卷调查的效果。一般来说,设计问卷需要注意以下几方面问题。

(1) 问题必须与调查目标紧密相关

一份好的调查问卷,要求所有问题必须围绕调查目标,反映调查目标。所有问题要集中、明确、精炼、易答,杜绝问题重复,前后矛盾。所列答案应界限清楚,以保证答卷者不产生歧义理解,或在答案面前不知所措。

（2）问题数量要适当

要根据调查目标合理安排问题数量,问题太多,容易引起答卷者的疲劳,从而影响答题质量;问题太少,会影响到问卷的信度和效度。

（3）问题排序要合理

问题排列顺序应先易后难,先封闭式后开放式,选项答案的设计安排要有利于数据处理。

（4）问题表达形式要多样

问题在表达和呈现形式上大致有封闭式、开放式和半封闭式三类。

① 封闭式问题。封闭式问题是为答卷者提供可供选择答案的问题,答卷者只能从规定答案中根据自身的实际情况或主观感受选择自己认为合适的答案。封闭式问题具有信息比较集中,易于数据和资料的整理和统计,便于作答等优点。封闭式问题在问卷调查中是一种最常见的形式。具体来说,封闭式问题有以下几种。

a. 判断式。即提供答案只有肯定和否定两种,如"是"或"否"、"对"或"错"、"喜欢"或"不喜欢"等。被调查者只能根据具体情况二选一。如下题:

您喜欢数学吗?

A. 喜欢　　　B. 不喜欢

b. 选择式。即提供多种答案供被调查者根据自己情况选择,选择数量调查者可做规定,也可不规定。如下题:

您喜欢的科目有:

A. 数学　　B. 语文　　C. 英语　　D. 音乐　　E. 美术　　F. 体育　　G. 劳技

c. 排序式。提供若干选项,要求答卷者按某种标准进行排序,如下题:

请按照您的喜好程度由高到低对下列科目进行排序:

A. 数学　　B. 语文　　C. 英语　　D. 音乐　　E. 美术　　F. 体育　　G. 劳技

d. 表格式。有些问题要求针对不同情况分别作答,而问题的答案都在共同范围内,为了表达简明,可采用表格式,答卷者只要在相应的表格内打钩就行了。如下题:

您喜欢数学课的原因是：

对数学本身感兴趣	
数学老师上课很有趣	
喜欢数学老师	
将来想当数学家	

② 半封闭式问题。半封闭式问题对问题的回答作部分限制，另一部分让被调查者自由作答。一种是对答案作出限制，内容不作限制；另一种是提供部分答案，让答卷者选择后再增加其他项目，让答卷者阐述一下自己的意见或见解。如下题：

您阅读课外资料的途径主要有：

A. 书　　　　B. 杂志　　　　C. 报纸　　　　D. 网络　　　　E. 其他

您除了与老师交流学习方面的问题外，是否还会交流其他方面的问题，如果会，请说明交流的话题。

③ 开放式问题。开放式问题要求答卷者自行作答，评价者不作回答限制，也不提供现成答案。如下题：

您是否喜欢数学课？为什么？

三种类型的问题各有其鲜明的特点和独特的功能。前两者指向比较集中、简单、易答，也方便数据统计和分析，而后者填写起来费时、费力，对答题者要求较高，结果统计难度也较大，但却有利于获得真实，甚至是出乎意料的信息。设计何种类型的问题，需要调查者根据调查具体情况而定，如调查对象、调查目标、调查工具等。

（5）整个问卷的设计要有整体感和逻辑性

一份好的问卷是一个相对独立的小系统，设计问卷时应注意整个问卷的整体感和逻辑性，以便于对问卷的整体分析。

有时，教师在使用问卷调查时，如果是随时向一个班的学生或某一部分学生了解某个问题，可不一定按照严格的问卷格式设计问卷，只要问题具体清楚即可。如果是较大范围的问卷调查，为了保证研究质量，研究者可在设计问卷后在小范围内试用，以发现问题，作出修正。

2. 问卷的投放与回收

问卷投放可以采取当面投放、邮寄投放、网上投放等形式，每种投放形式都有其优点和缺点，教师可以根据具体情况，采用不同的投放方式。如调查对象是中小学生，可以采取当场投放、当场填写和当场回收的形式；如调查对象是家长，可以采取当面投放或邮寄投放的形式等。无论采取何种投放形式，除了考虑方便、快捷等因素外，重点要考虑问卷的回收率和问卷的答题质量。因为，问卷的回收率和有效性是问卷调查的两条生命线，是任何问卷调查中都必须考虑的两个重要因素。

3. 问卷统计与分析

问卷回收之后，要对回收的问卷进行相关的数据统计、整理与分析，以获得最终的调查结果，并对结果进行总结，为实施评价提供依据。

(四) 实施问卷调查时应注意的问题

1. 营造轻松良好的环境

人在不同的环境中会有不同的情绪和心理状态，从而使其对同一问题产生不同的态度和理解。因而，问卷调查时要保证答卷者能在不受约束以及没有任何顾虑的环境下进行问卷填写，否则答卷者可能违背自己的真实意愿作答，从而导致问卷答案失真。

2. 告知答卷者答卷事宜

在答卷之前有必要告知答卷者正确的填写方法和注意事项，以避免答卷者胡乱作答，影响后续数据统计工作。

3. 及时回收问卷

问卷的回收率是保证问卷调查结果的重要因素，及时回收问卷既能保证问卷答题质量，也是保证问卷回收率的重要措施。

4. 问卷分析要客观

答卷者所提供的答案不可能完全与调查者的主观设想一致，有时甚至会有很大出入或完全相反，对此，调查者在分析问卷时，一定要客观、理性，杜绝以先入为主或想当然的态度对待问卷答案。只有这样，才能保证问卷结果的真实性和教育教学行为的有效性。

【案例】[1] 关于五年级学生分数乘法的学前调研

北师大版教材五年级下册第一单元的内容是分数乘法，为了了解学生对分数乘法的学前基础，开学第一节课，王老师对任教两个班的学生（共计 62 人）进行了调研。下面是他的调研内容和过程。

---

[1] 王笑晖：《关于五年级学生分数乘法的学前调研》，《小学教学（数学版）》，2012 年第 4 期，有改动。

一、调研的内容

调研的内容是让学生用文字或图表形式表示出算式的含义和计算结果的获得过程。调研题目是这样设计的:(1) 4×5;(2) $\frac{3}{7}\times2$;(3) $6\times\frac{1}{3}$;(4) $\frac{2}{5}\times\frac{1}{3}$。调研的目的是通过第一道整数乘法,了解五年级学生对整数乘法的含义(二年级上册的内容)的理解程度,同时以此题的分析过程引导学生尝试分析解答后面分数乘法的题目。

二、测试结果与分析

测试后王老师对学生四道题的计算结果及思考过程分别进行了统计与分析。

从计算的正确率看,四道题目呈现了正确率递减的趋势。这与学生的认知和题目的难易程度相吻合。

题目	4×5	$\frac{3}{7}\times2$	$6\times\frac{1}{3}$	$\frac{2}{5}\times\frac{1}{3}$
正确率%	100	96.8	93.5	79.0

经过对每个错误解答的仔细阅读,王老师发现在计算 $\frac{3}{7}\times2$ 这道题时出现错误的两位学生,其错误类型完全一样(下图为仿照学生作品所画)

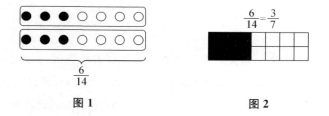

图 1　　　　　　　　　图 2

从这两幅图不难看出,学生对于 $\frac{3}{7}$ 所表示的含义理解得不错,尤其是图 1 中,还能画出整体"1",但是在关注结果时却重新定义了整体"1"。图 2 中,学生在画图过程中,把两次的整体"1"合并到了一起,因此在寻找结论的时候,已经不知道原来的整体"1"是谁了。从这两位学生的错误不难看出,学生使用的模型对他们解决问题起很大的作用,离散模型在计算中容易让学生混淆整体"1"。

从学生的思考过程看,四道题各有侧重,这与题目数据有密切的关系。

题目	学生的思考	人数	所占比例（%）
4×5	表示 4 个 5 相加	59	95.2
	表示 5 个 4 相加	52	83.9
	表示 4 的 5 倍	1	1.6
$\frac{3}{7} \times 2$	表示 2 个 $\frac{3}{7}$ 相加	62	100
	表示 2 的 $\frac{3}{7}$（或 $\frac{3}{7}$ 个 2）	7	11.3
	知道算法，于是将 2 看作 $\frac{2}{1}$，用分子和分母分别相乘得到结果	5	8.1
$6 \times \frac{1}{3}$	表示 6 个 $\frac{1}{3}$ 相加	60	96.8
	表示 6 的 $\frac{1}{3}$	18	29.0
	知道算法	5	8.1
	其他方法（如 $6 \div 3 = 2$）	4	6.5
$\frac{2}{5} \times \frac{1}{3}$	表示 $\frac{2}{5}$ 的 $\frac{1}{3}$	17	27.4
	表示 $\frac{1}{3}$ 的 $\frac{2}{5}$	9	14.5
	知道算法	6	9.7
	只会算法，不知算理（或猜测算法）	16	25.8
	其他方法（化成小数进行计算）	1	1.6
	不会计算，不会方法	13	21

注：①对 4×5，每人均写出了至少一个思考过程（或算式含义）；②对 $6 \times \frac{1}{3}$，只有 1 人计算方法错误，结果为 $\frac{6}{18}$，其余均为计算过程错误，如 $\frac{6}{3} = \frac{1}{2}$。

从上面的调研结果中，我们不难发现：

（1）整数乘法的算理对学生迁移到分数乘法有着非常重要的作用，在没有任何引导和帮助的情况下，学生借助对整数乘法意义和计算过程的理解，能顺利地推出整数乘以分数（或分数乘以整数）的含义及计算的方法。

（2）同分母分数加法的计算在分数乘法计算中起到了关键的作用，学生借助整数乘法推导出了分数乘法的含义。分数加法计算的扎实基础对学生学习分数乘法计算的作用不可小觑。

（3）题目中的数字对学生找到解决问题的方法有一定的影响。如对 $6 \times \frac{1}{3}$，学生可以顺利地等分 6，因此在描述算式含义和计算过程中，除 96.8% 的学生知道算式表示 6 个 $\frac{1}{3}$ 相加外，还有将近 30% 的学生知道它还表示 6 的 $\frac{1}{3}$，也就是说可以把 6 平均分成 3 份，每份是 2。而对于 $\frac{3}{7} \times 2$，学生很容易知道它表示 2 个 $\frac{3}{7}$ 相加，而这样的加法也是简便的；但是，只有 11.3% 的学生知道还可以把 2 个物体平均分成 7 份，其中的 1 份是 $\frac{2}{7}$，而这样的 3 份就是 3 个 $\frac{2}{7}$，也就是 $\frac{6}{7}$。当然，这样的理解对于学生而言是有一定困难的。

（4）学生对分数乘分数的含义和算法的理解有一定的困难。这也正是分数乘法单元中学生的学习难点之所在。

测试结束后，王老师让学生谈谈自己的感受，一位学生说最后一道题的解释比较难。他的这句话得到了大多数学生的响应，王老师进行了统计，有 54 位学生同意他的观点，占到这两个班总人数的 87.1%。

案例中王老师在学生学习分数乘法之前，就学生对分数乘法的理解和认知进行了调查研究，从中获悉了学生学习分数乘法的基础，从而为制订分数乘法的教学重点、难点以及教学策略提供了依据。相信这要比直接讲授分数乘法的效果好得多。

三、访谈法

（一）访谈法的概念

访谈法是访者以口头形式，通过和被访者一问一答的谈话，向被访者搜集信息，从而对被访者发展状况作出价值判断的一种调查方式。访谈和日常谈话不同,从形式来看,访谈是一种研究性活动,而不是随意活动;从目的性来看,访谈是访者围绕预定主题、按照调查提纲与被访者进行一问一答的谈话,而不是泛泛而谈,要比日常交谈的目的性更强或更明确;从交谈双方关系来看,访谈中交谈双方关系是不对等的,访者处于主动地位,被访者处于被动地位。

与观察相比,访谈可以了解被访者的所思所想和情绪反应、他们生活中曾经发生的事情、他们的行为所隐含的意义。此外,与问卷调查相比,访谈具有更大的灵活性以及对意义进行解释的空间。与实物分析相比,访谈更具有灵活性、即时性和意义解释功能。在使用观察、问卷或实物分析的同时使用访谈,还可以起到相互检验调查结果的作用。

(二) 访谈法的优缺点

访谈法的优点:

1. 形式灵活

访谈内容、时间和形式可以根据访者的需要灵活安排,即使在访谈中,访者也可以根据被访者的反应或访者的需要,对调查问题灵活调整或更改。

2. 结果准确

就形式来看,访谈是访者与被访者直接进行的面对面的交流,这就使被访者在回答问题时常常无法进行长时间的思考,因此所获得的回答往往是被访者自发性的反应。再者,访谈环境也是访者经过选择的,避免了其他因素的干扰,从而保证了访谈结果的准确性。

3. 内容深入

访谈中,访者与被访者之间具有适当解说、引导和追问的机会,有助于访者获得新的、深层次的信息。而且在访谈过程中,访者还可以通过被访者的面部表情、动作姿势等非言语行为,来鉴别和判断被访者回答内容的真伪以及其真实心理状态。

访谈法的缺点:

1. 成本较高

访谈法对访谈对象数量、访谈地点和时间都有一定的要求,如访谈对象数量不能一次太多等,加大了访谈法的成本。样本小,需要较多的人力、物力和时间,应用上受到一定限制。所以访谈法一般在调查对象较少的情况下采用,且常与问卷法、测验法等结合使用。

2. 隐秘性较低

访者和被访者面对面的交流,使被访者几乎完全暴露于访者面前,其隐秘性几乎为零。

3. 对访者要求较高

尽管访谈是访者和被访者面对面的交流,但能否获得所期望的信息,很大程度上取决于访者,如访者制订的访谈提纲如何,在访谈中能否适当给予被访者引导和追问,能否与被访者建立友好的合作关系等。可见,访谈法对访者要求较高。

4. 记录困难

尽管访谈内容是围绕访谈提纲进行的,但访谈是以口头语言形式进行,整个访谈流程速度较快,详细记录整个访谈过程有一定困难。

5. 结果处理有难度

访谈属于定性研究,访谈内容并不一定都是有用信息,如何从访谈过程中挑选有价值的信息,并根据这些信息对被访者进行价值判断,处理起来有一定难度。

(三)访谈法的类型

1. 根据访谈对象数量划分

(1)个别访谈

个别访谈是对每一个被访者逐一进行的单独访谈。个别访谈一次只能对一个被访者进行谈话,具有耗时、耗力、低效等缺点,但由于其组织实施起来比较灵活、简单、方便,因而个别访谈是访谈法中最常用的形式。

(2)团体访谈

团体访谈又称座谈,是由一名或数名访者对一个特定群体就需要调查的内容征求意见的访谈形式。团体访谈不仅节省时间,而且被访者之间相互启发影响,有利于促进问题的深入,能在较短时间内收集到较广泛和全面的信息。团体访谈对选择访谈对象有一定的要求,受访对象要有一定的代表性和同质性。如向学生了解教学情况,教师和学生不宜参加同一座谈会;向家长了解学生在家的表现情况,就不能把家长和学生组织在一起。

2. **根据访谈的媒介划分**

（1）面对面访谈

面对面访谈是访谈双方以面对面的直接沟通来获取信息资料的访谈方式。面对面访谈中，访谈双方不需要任何中介，双方可以通过对方的言语和非言语表达直接、全面感受和捕捉到对方最真实的信息。

（2）电话访谈

电话访谈是访者借助电话向被访者收集有关资料的访谈方式。电话访谈中，访谈双方的空间隔离性有助于减少被访者的焦虑和紧张，但同时访者只能根据被访者的言语表达来获得信息，这就使访者可能会错失被访者的非言语表达的一些信息。

（3）网络访谈

网络访谈是访者借助网络向被访者收集有关资料的访谈方式，网络访谈一次可以对众多人进行访谈，具有快捷、省时、效率高等特点。在电子信息时代，网络访谈也逐渐成为一种常用的访谈形式。

3. **根据访谈次数划分**

（1）横向访谈

横向访谈又称一次性访谈，它是指在同一时段对某一学生或某一问题进行的一次性收集资料的访谈。

（2）纵向访谈

纵向访谈又称多次访谈或重复性访谈，它是指多次收集固定被访者有关资料的跟踪访谈。

4. **根据访谈的标准化程度划分**

（1）标准化访谈

标准化访谈又称结构式访谈，它是一种对访谈过程高度控制的访问。这种访谈的访问对象必须按照统一的标准和方法选取，一般采用概率抽样。访问的过程也是高度标准化的，即对所有被访者提出的问题，提问的次序和方式，以及对被访者回答的记录方式等是完全统一的。

为确保这种统一性，通常采用事先统一设计、有一定结构的问卷进行访问。通常这种类型的访谈都有一份访谈指南，其中对问卷中有可能产生误解的内容都有说明。

（2）非标准化访谈

非标准化访谈又称无结构式访谈，它是一种半控制或无控制的访谈。与标准化访谈相比，非标准化访谈事先不预定问卷、表格和提出问题的标准程式，只给调查者一个题目，由访者与被访者就这个题目自由交谈，被访者可以随便发表自己的意见和感受，而无需顾及访者的需要，访者事先虽有一个粗略的问题大纲或几个要点，但所提问题是在访问过程中边谈边生成，随时提出的。因此，在这种类型的访问中，无论是所提问题本身和提问的方式、顺序，还是被访者的回答方式、谈话的外在环境等，都不是统一的。

5. 根据访谈的内容划分

（1）当事人本位访谈

当事人本位访谈指的是以当事人为受访对象进行的访谈。如教师对一位经常上课迟到的学生进行访谈，了解其经常迟到的原因。这位经常上课迟到的学生既是当事人，也是被访者，此即为当事人本位访谈。

（2）问题本位访谈

问题本位访谈指的是访者就某个问题或某件事情向被访者进行交流的访谈。被访者可能与访谈问题相关，也可能与访谈问题无关。如教师和班上学生代表、科任教师、家长等进行访谈，询问班级制度的制订情况，此即为问题本位访谈。

（四）如何实施访谈法

1. 做好访谈前的准备工作

为保证访谈有序、有效开展，访谈前需做好系列准备工作，其中最主要的是要制订访谈计划和设计访谈提纲。

制订访谈计划。访谈计划是对访谈的总部署，是对访谈活动的总安排，一般应考虑以下内容：确定访谈目的，即为什么谈；确定访谈内容，即谈什么；确定访员，即谁去谈；确定访谈对象，即与谁谈；确定访谈时间，即何时谈，谈多久；确定访谈地点，即何地谈；确定访谈种类，即怎么谈；确定访谈记录方式，即怎么记；确定访谈结果的呈现，即报告怎么写等。

尽管访者在访谈中处于强势或主导地位，但访谈效果最终取决于被访者能否对访者敞开心扉。为保证访谈效果，在制订访谈计划之前，访者要与被访者协商访谈的时间和地点，尽量以对方的方便为主，一是表示尊重，二是使对方感到轻松、安全，可以比较自如地表达自我。访谈时间不宜过长，对于访谈是否录音，也要征求被访者的意见。

设计访谈提纲。为了保证访谈过程中紧紧围绕主题进行，访谈前要设计好访谈提纲。访谈提纲是对访谈要涉及的主要问题和内容范围的概括。访谈提纲对访谈具有提示作用，以避免遗漏重要内容。访谈提纲应尽可能简单明了，而不必非常详细。访谈提纲应随时进行修改，同时，前一次的访谈结果可以为下一次访谈提纲提供依据。

对于访谈提纲的拟定，没有固定的格式，只要求教师在访谈前用书面形式把要了解的主要问题列出来，供访谈时参考使用。

2. 恰当进行提问

"如何开始访谈？"一个重要的原则是，尽可能结合被访者当时的情景灵活决定。如既可以开门见山谈，也可以迂回、委婉地谈；既可以让被访者知道谈话目的，有指向性地谈，也可以不让被访者觉察目的，无拘无束地谈。这需要根据情况灵活运用，但无论哪种情况，访者的态度要亲切、和蔼、真诚，而又不失应有的严肃和认真。

从访谈问题安排顺序来看，应遵循由浅入深、由简入繁的原则，所提的问题在内容上应该有比较一致的联系。但有时不一定完全按照问题的顺序进行访谈，而要根据实际情况加以变通，尤其是要善于根据实际调整问题，以捕捉更有价值的信息。在访谈过程中，最忌访者不管对方在说什么或想说什么，只是按照自己事先设计的访谈提纲挨个地把问题抛出去。而是要善于追问，追问时，访者要使用被访者自己的语言来询问他们曾经表达过的看法和行为，要能够从被访者的回答中探究其背后更深的东西。需要注意的是，倡导访者进行追问，但并不是鼓励访者从头到尾打破砂锅问到底，而是要根据实际情况，适时、适度地进行追问。此外，还要注意提问应简明扼要、通俗易懂。

3. 善于倾听

访谈法收集资料的主要形式和秘诀是倾听。所谓倾听，指的是在对话中，把感官、感情和智力的输入综合起来，去寻求对方所传递信息意义的过程。通俗来说，倾听时需要的不仅是耳朵，还应有眼睛、脑和心，倾听是人的感官、认知和情感共同参与的活动。倾听的过程中，要求访者与被访者保持目光接触、展现赞许性的点头和恰当的面部表情、不轻易打断对方和容忍沉默等。

4. 适当作出回应

提问、倾听、回应可以被认为是访谈中的三项主要工作，他们在实际操作中相互交融、密不可分。访者不应只是提问和倾听，还需要将自己的态度、意向和想法及时地传递给对方。回应的方式多种多样，可以是诸如"对"、"是吗"、"很好"等言语行为，也可以是点头、微笑等非言语行为,还可以是重复、重组和总结被访者的回答。

5. 及时做好访谈记录

为了保证访谈结果的客观、真实,访谈过程中需要访者及时做好访谈记录。除传统的纸笔记录方式外,还要尽可能地借助电子工具进行录音或录像,以全面、真实还原整个访谈过程。

6. 整理访谈资料

访谈结束,要根据访谈目的及时整理访谈资料,并采取表格、图表、日记等形式呈现访谈结果。访谈资料的整理和分析要求访者要保持开放的心态与文本互动,同时需要访者细致的分析能力和高度的概括能力。

(五)运用访谈法的注意事项

第一,在访谈中,访者要善于创造轻松和谐、相互理解支持的气氛,以利于被访者敞开心扉,提供真实全面的信息。

第二,在访谈中,访者要保持中立的态度,不要把自己的意见暗示给被访者,否则会影响访谈的真实性。

第三,访者要把握访谈的方向和主题焦点,防止谈话偏离访谈主题,以免影响访谈效果。

第四,访者所用语言应与被访者的身份、角色、职业特点、文化背景等相匹配,尽量做到简明扼要、通俗易懂。

第五,根据被访者的特点,灵活调整提问的方法和口气,以被访者易于接受的方式进行访谈。

问卷调查、访谈、座谈共同体现了调查法的特点和要求,在实际调查中,不能仅靠其中的一个方法,而应综合运用,同时它们之间也可相互补充和印证调查信息和结果。尤其是访谈和座谈,由于问题的开放性,更能深入了解某个学生或某一问题的有关信息,对学生评价的帮助不可忽视。

【案例】[①] **关于五年级学生分数乘法的学前调研**

一次测试结束后,王老师为了解学生对分数乘法的掌握情况,选择了几

---

① 王笑晖:《关于五年级学生分数乘法的学前调研》,《小学教学(数学版)》,2012 年第 4 期,有改动。

位学生进行访谈。这几位学生有一定的代表性:第一类(2人),平时基础比较好,思路比较清晰,学习进程一直跟随教师进度,从不提前学习;第二类(1人),对数学学习有一定兴趣,平时学习成绩中等;第三类(2人),学习成绩不够理想。

1. 第一类学生

师:(指 $\frac{2}{5} \times \frac{1}{3}$)这道题的结果是多少?

生:(思考后)$\frac{11}{15}$。

师:你是怎么想的?

生:和加法的方法一样。

师:可是,这道题是乘法啊!

生:用 3×5 作分母,$2 \times 3 + 1 \times 5$ 做分子。

师:这是谁教给你的?

生:我猜的。

师:你能说说这个算式的含义吗?

生:它表示 $\frac{2}{5}$ 的 $\frac{1}{3}$。

师:会画图吗? 你打算怎么画?

生:先画出一个长方形的 $\frac{2}{5}$,然后再从 $\frac{2}{5}$ 里面分成 3 等份,涂出其中的 1 份。

师:按照这个思路,再做一遍这道题,看看结果是多少。

生:哦,我明白了。

通过上面的访谈可以看出,这类学生的学习困难是忽视了算式的含义,而且想当然地给分数乘法一个算法。当老师有意识地进行引导之后,他们很快将原有知识提出来,完成了新知识的建构。

2. 第二类学生

师:(指 $\frac{2}{5} \times \frac{1}{3} = \frac{11}{15}$)你是怎么想的?

生:3 和 5 的最小公倍数是 15,所以 $\frac{1}{3} = \frac{5}{15}$,$\frac{2}{5} = \frac{6}{15}$,$5 + 6 = 11$,所以,

结果等于 $\frac{11}{15}$。

师：看来你是先通分，再相加。但是，这道题是乘法呀！（生沉思不语）

师：现在让你做这道乘法题，你会吗？说说该怎么做？

生：$\frac{2}{5} \times \frac{1}{3} = \frac{2 \times 1}{5 \times 3} = \frac{2}{15}$。

师：你算对了，你是怎么会的？

生：奥数老师教过，我没有学会，回家又问了姐姐，就会了。

师：为什么这么做呢？

生：不知道。

从访谈中可以看出，这类学生无法正确选择计算方法，经过提醒获得了正确结果，这说明他是比较关注结果的，但他忽略了算法背后的算理。

3. 第三类学生

师：（指 $\frac{2}{5} \times \frac{1}{3} = \frac{6}{15} \times \frac{5}{15} = \frac{6 \times 5}{15} = \frac{30}{15} = \frac{6}{3}$）这就是结果吗？

生：是的。

师：这个方法是谁教给你的？

生：我自己猜的。

师：这个算式是什么意思？（生沉思不语）

师：看来你不太懂是吗？我告诉你，这个算式表示 $\frac{2}{5}$ 的 $\frac{1}{3}$。你知道是什么意思了吗？

生：（沉思片刻）知道了。

（生动手画了一个圆，教师提示画长方形，于是学生动手画了一个长方形并且很快找出了长方形的 $\frac{2}{5}$，又继续将 $\frac{2}{5}$ 平均分成了 3 份，表示出了其中的 1 份。如图 3）

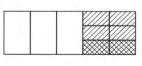

图 3

师：你知道它（指结果部分）有多大吗？

生：（观察了很久）$\frac{2}{15}$。

师：怎么得出的？

生：(边指边说)我把其余的也都继续分成了3份，得出15份中的2份。

师：在解答这道题的过程中，你的困难是什么？

生：第一个困难是我不知道算式是什么意思；第二个困难是我能看到结果，却不知道结果是多少；第三个困难是我想知道如果遇到带分数该怎么办。

师：你觉得该怎么办呢？

生：可能是把带分数化成假分数吧。

师：(笑)通过刚才我们俩的交流，你能给我个结论吗？

生：我觉得做题的时候最好先画图，除了把一部分等分外，最好把整体部分都继续等分，这样才能看到最终的结果。

（这个访谈让王老师非常兴奋，因为这位学生平时数学学习比较困难，在今天的访谈中，这位学生不仅能在教师的帮助下顺利解决问题，还能结合题目本身总结他的学习困难，提出遇到带分数时该怎么办的问题。）

上述案例中，王老师运用访谈法就学生分数乘法的学习基础进行了考察，就访谈内容来看，属于问题本位访谈。就访谈对象数量来看，上述访谈属于团体访谈。所选择的几位学生在学习程度上有一定的代表性，从而保证了访谈结果的有效性。从访谈媒介来看，属于面对面访谈。师生之间就学习问题面对面进行交流，有助于教师全面、深入了解学生的真实水平，保证了访谈的效果。从标准化程度来看，属于非标准化访谈。访谈中没有统一的模式，有利于学生真实水平发挥，同时也有助于教师全面了解学生发展状况。

(六) 家访

1. 家访的含义

家访是教师深入了解学生的重要方法之一，同时也是教师评价学生最常用的方法之一。根据《实用教育大词典》的解释，家访是为了教育好学生，教师到学生家庭与其家长取得联系的活动，包括常规家访和重点家访。常规家访指班主任接手了一个新班时，或新学期开学到学生家庭中去了解学生家庭情况及学生在家的表现，同时也听取家长对学校教育工作的意见、要求等。重点家访指班主任教师家访时有所侧重，具体地解决某些问题,向家长汇报学校、班级情况、课业负担、学生在校表现,取得家长的配合。①

《国务院关于基础教育课程改革纲要(试行)》指出:新课程的培养目标应体现时代要求,要培养学生"逐步形成正确的世界观、人生观、价值观。让学生具有健壮的体魄和良好的心理素质,养成健康的审美情趣和生活方式"。为了实现这个目标,仅仅靠教师在课堂上是完不成的,还必须依靠家庭的力量。正如苏霍姆林斯基所说,如果没有整个社会首先是家庭的高度教育素养,那么,不管教师付出多大的努力,都收不到完美的效果,家庭的一切问题都会在学校折射出来,而学校复杂的教育过程中产生的很多困难的根源,也都可以追溯到家庭。家庭的构成、父母的关系、健康状况及工作性质、家庭经济情况、住房情况、家庭周边邻里的素质等都直接关系到学生的健康成长。教师上门家访,就可以了解到这些情况,切身感受到学生成长的社会环境和家庭的文化氛围,掌握学生家庭的种种情况,弄清学生品德和性格形成的家庭因素和社会因素,从而更加了解、尊重学生,更能摸清学生的思想脉搏,对学生进行及时的心理疏导和针对性更强的教育。

2. 家访的时机

学生评价中,为获得有用信息,教师必须把握适当的家访时机。一般来说,教师应把握以下几个时机。

(1)接手新班的时候

新学年伊始或中途,教师接手一个新的班级后,能否快速、全面、准确地了解、掌握全班每位学生的思想、学习、性格、兴趣、爱好、身体、家庭等方面的情况,直接影响着教师教育教学工作的顺利展开。这就需要教师有针对性地进行家访,在摸清学生的真实情况后,和家长一起商量制订合适的育人目标、步骤、措施,以利更好地做到因材施教,引导学生健康成长。

(2)学生情绪或行为出现异常的时候

学生在日常的学习、生活中,一般都具有相对稳定的个性倾向和行为表现。一旦发现学生出现情绪异常,教师就要及时和他(她)谈心,并根据了解的情况,进行相应的情绪矫正。如果学生情绪异常的原因来自家庭,教师就要及时通过家访告知家长,与家长共同商议帮助孩子矫正异常情绪的办法和措施,以引导孩子尽早走出不良情绪的

---

① 王焕勋:《实用教育大词典》,北京师范大学出版社1995年版,第195页。

沼泽地。

（3）当学生成绩下滑的时候

当学生某一方面的成绩出现滑坡时，教师要马上和他（她）对话，帮他（她）分析成绩下滑的原因，并通过家访提醒家长和教师搞好配合，一起帮助孩子端正态度，改正错误，弥补不足，努力提升学习成绩。另外，遇到这种情况后，教师进行家访还有另一个重要目的，那就是避免学生因成绩下滑而遭到家长的责骂、体罚，从而导致学生情绪低落，消极厌学，甚至逃学、出走、轻生等恶性后果的发生。

3. 家访应注意的事项

（1）全面了解，有备而去

常言说得好，不打无准备之仗，家访亦如此。要想取得好的家访效果，家访前，教师要对学生的有关情况进行全面了解。一是要了解学生的性格、品行、爱好、学习方法、学习成绩、思想动态等，做到胸有成竹。二是要了解学生的家庭情况，如家庭的人员结构、经济状况、家长的文化水平、素质、修养和职业。再根据了解的情况进行认真的分析，制订出详尽的家访计划。这样，教师在家访时就掌握了主动权，就不至于无话可说。当家长听到教师对自己的孩子了如指掌的介绍和对家庭有如此深度的了解时，家长肯定能够感觉到教师对自己孩子的关心和重视，同时也会敬佩教师认真负责的工作态度。如此，家长一定会愿意和教师进行谈话。

（2）明确目的，有的放矢

家访并非随随便便的串门闲聊，而是教师教育教学中的一项重要工作，同时也是教师做好工作的重要手段。因而，教师家访时，必须有明确的目的。家访的目的不外乎两点，一是通过家长更加全面、深入了解学生的有关情况，二是争取家长的合作，促进学生进步，达到理想的教育效果。为此，教师必须从每个学生的实际情况出发，确定每次家访的目的和内容，使家访目标具体化，以做到有的放矢。

（3）客观评价，赢得信任

有很多学生怕教师家访，主要是怕教师借家访向家长"告状"。这就要求教师家访时，在与家长谈及学生在校的表现时，一定要客观公正地评价。当谈到学生存在的不足时，要注意保护学生的自尊心，就事论事，采用理解、移情的语气，向家长讲明情况，并引导家长正确看待学生存在的问题，理解学生的处境。这样一来，教师就会赢得家长的信任和尊敬，也会让学生打消怕教师上门家访的顾虑，还会让学生对教师产生亲切感和敬佩感，有利于教师从家长那里获得更多的信息和支持。

【案例】①

王老师班级有一个学生,平常考试成绩中等,表现还可以,突然有一段时间上课精力不集中,上课老想睡觉,成绩直线下滑,在一次单元测验中竟然考了班级倒数第三名。作为班主任的王老师当然很生气,第二天跑到学生家中去家访。面对王老师的突然到来,学生家长感到很意外。王老师当着学生家长的面,说:"你孩子最近退步很厉害,这次测验考了班级倒数第三名,你作为家长,怎么平常不好好管管他的学习呢?我们一个老师要教育四十几个孩子,你连一个孩子都管不好吗?另外他最近上课老是精力不集中!一直想睡觉,是不是他晚上睡觉太迟了,看电视看多了?"家长当时站也不是,坐也不是,表情很尴尬,生气地说:"你凭什么说我没管他的学习呢?他学习退步难道你们做教师的就没责任了吗?"最后,王老师与家长不欢而散。

上述案例中,王老师家访的初衷是借助家长的力量,共同促进学生成长。但结果却事与愿违,王老师的家访不但没能取得预期效果,而且招致了家长的反感和排斥,主要原因就是王老师在家访时对当事学生的评价不够全面和客观。老师不但一味抓住学生的错误不放,而且还要无端"株连"家长,王老师的如此做法给家长的感觉就是教师家访的主要目的是兴师问罪,而不是为了帮助学生改正错误。相反,如果教师能就事论事,客观评价学生,既肯定学生的优点,又指出学生的缺点,使家长和学生感受到教师对学生的公平、公正和爱护,相信肯定能赢得家长和学生的信任。

(4)营造氛围,拉近距离

如何从家长那里全面了解学生的情况,首先要缩短和家长的心理距离。家访时,教师要根据不同的家庭情况、家长的不同性格、家长对孩子的期望、家长的教育方式,多用出自爱心的善言,巧用暖人心窝的挚言,让家访在融洽的环境中、和谐的气氛中愉快进行。在谈到学生在校的具体表现时,可直接报喜、巧妙报忧,抓住学生身上的积极品质,肯定学生的长处,对学生的良好表现予以真挚的赞赏,这样才能让家长缩短与教师的心理距离,从心理上接受教师,消除对教师的戒备心理,从而敞开心扉,让谈话在轻松和谐的氛围中进行。只有家长坦诚相对,教师才能全面、充分地了解学生在家的

---

① 王伶俐:《家访工作的现状调查与对策研究——以上海市松江区 T 校为例》,华东师范大学 2008 年硕士学位论文,第 36 页。

具体表现,才能与家长一起商讨教育学生的方法。

（5）耐心倾听,委婉建议

教师在家长心目中的地位一般都比较高,家长对教师也比较尊重和信赖,这就要求教师在和家长交流时,要热情、谦虚、诚恳、耐心倾听,特别是和家长在某一问题上看法不同时,更要沉得住气,待家长讲完意见后,再亮出自己的观点,做到以诚待人、以理服人。在探讨解决学生问题的方法时,教师可向家长采用提建议的办法,提建议时,要有针对性、要委婉、具体,让家长感觉到教师是在切实地关心孩子、是在真诚地帮助孩子,让家长乐意接受建议,达到家访的目的。如果教师高高在上,颐指气使,只会招致家长的反感,即使家长由于种种原因不公开表现出对教师的不满,家长也可能不会欣然接受教师的意见或建议。

【案例】[①] **老是迟到的学生**

Q是市区的一名男生,长得很英俊,普通话和英语也很好,老师们都说他以后如果搞旅游行业一定会很有出息。可是好景不长,开学一个月之后,他开始无故频繁迟到。问他为什么,他总是说:"今天早上我坐公车晚了一班。"可是,天天会晚一班车吗?究竟是什么事情让他天天都迟到呢?我试着给他父母打电话,可是家里电话总是无人接听。

那一天,我跟着学生一起坐公车回他家。他个子很高,走在我前面的时候还回过头来问我,老师,你一定要去我家吗?我保证以后不再迟到了,你不去不行吗?他越是不让我去我越是想去,我跟着他走在路上,微笑着告诉他:"今天我非去不可,因为前几天打电话一直找不到你的家长。"

"老师,不就是迟到的问题吗?我保证不再迟到了,总可以了吧?"他还在说着。说着说着,他家到了。家里有一男一女忙着在择菜,切肉。他的妈妈迎出来,满手都是水和青菜叶子,她一听说是班主任来了,赶紧擦擦手朝我过来。我们立刻开始了今天的主题。母亲听了我的来意,连忙开始讲述她的家庭情况。原来,他们是晚上开夜排档的,一开就开到第二天凌晨,收摊之后夫妻二人抓紧时间睡觉,睡觉太熟根本听不见电话响,中午起床就要去买菜,一个下午就在店里准备晚上的菜饭。而这几天儿子老是迟到他们一点也不知

① 邢萧平:《走进学生家庭 走进学生心灵——班主任家访教育案例》,《课改前沿》,2012年第1期。

情,因为儿子上学去的时候,他们都还刚刚入睡。真是辛苦的一家,说到这里的时候学生 Q 别过了头,看着天空。我知道,这孩子,需要爱。继续说下去,我还知道了这几天因为晚上生意好,Q 也在帮着父母亲干活,太晚了催着他才去睡觉。这就是他迟到的原因。Q 的母亲很愧疚地向我保证,以后不要他来帮着干活了。我对他们说:"你们有一个好儿子,你们放心吧,我会帮他的。"临走之前,我和 Q 约定了早上叫早的时间,每天早上六点,我准时给他打电话叫他起床,他出门前会给父母煲上一锅粥,让父母起床就可以吃。然后他来学校再也没有迟到。

案例中曾经总是迟到的学生最终之所以能够再也没有迟到,无疑与教师家访中的耐心倾听和委婉建议分不开。对于学生的迟到行为,该教师家访中从头至尾压根没有指责和批评,而是耐心听家长的解释和说明,其中还时不时表现出对该生家长的同情和理解。最后,还针对学生存在的问题,提出了建设性的建议。这样,既解决了该生家庭的实际困难,也克服了该生按时到校的障碍,同时,还赢得了该生和家长对教师的感激和爱戴,可谓一举多得。

(6) 做好总结,因材施教

家访结束后,家访教师需要对家访反馈进行认真分析,把在家访工作中获得的信息,如家庭背景、父母教育方式、学生在家中的表现等一一整理,以便根据家访情况有针对性地对学生进行培养和教育,需要的话还要对教学计划进行适当的修改。

上面主要介绍了家访的主要形式之一——上门走访在学生评价中的应用。除了上门走访,家访还可以采取电话访问、信件访问等形式,教师可以根据实际情况灵活运用各种家访形式。

(七) 个别谈话

个别谈话是教师根据教育教学的需要,通过与个别学生进行谈话,从而获取教育教学信息并对学生进行个别指导的一种访谈方式。学生的家庭情况、性格特征、兴趣爱好、心理特点等都存在很多差异,这就需要教师平时开展个别谈话才能满足学生的个体需要。个别谈话有助于教师对学生深入、全面的了解,是班级授课制的良好补充,也是因材施教的具体体现。

1. 个别谈话的类型

从不同的维度来分,个别谈话可以分为不同的类型。每一种类型的谈话,都有不同的目的、要求和效果。

(1) 从谈话的目的看,可以分为调查性谈话和教育性谈话

调查性谈话指的是教师针对某人某事,了解过程,弄清前因后果,以便作出正确判断,采取正确措施而进行的谈话。如教师为弄清学生成绩落后的原因、了解影响学生情绪波动的因素以及学生的学习态度、方法等等而与学生进行的谈话。教育性谈话指的是教师对学生进行思想教育和引导,以使学生形成正确思想而进行的谈话。如有些学生经常违纪,教师在班级进行点名或不点名的暗示或批评后效果不好而与学生进行的谈话。再如,一些学生因为学习态度不端正导致成绩下降,教师为改进学生学习态度而与其进行的谈话。

(2) 从谈话的形式看,可以分为正式谈话和非正式谈话

正式谈话是指访谈双方事先预定好的在一定时间、一定地点就某一个话题进行的谈话;非正式谈话指的是访谈双方即兴进行的谈话,如课间、饭后、休闲时就某个话题自然而然进行的谈话。

(3) 从谈话的意愿看,可以分为教师主动发起的谈话和学生主动发起的谈话

教师发起的谈话主要是为了向学生了解某一情况、布置工作任务、征询学生建议或意见等,而学生主动发起的谈话主要是为了向教师反映情况、提出建议或寻求帮助等。

2. 个别谈话应注意的事项

个别谈话作为一种评价方式和教育手段,要想取得良好的效果,还需要注意一些事项。

(1) 做好谈话准备

无论是哪一类型的谈话,只有充分准备谈话的内容、方式、地点、时机,才可能取得比较好的效果。即使有一些谈话,不能事先准备,但也需要教师平时的积累,如学生的表现、家庭环境、思想状况、学习态度等等。如考试后,需要和哪些学生进行谈话,需要教师通过分析学生成绩,来确定谈话对象、谈话主题和谈话方式。对一些比较特殊的学生,特别是处理一些偶发的事件,由于不能事先准备,更需要教师平时全面了解学生,随时做好准备。

(2) 选好谈话时机

俗话说:穿衣看气候,打铁看火候。个别谈话也是如此,教师不是任何时候都能使学生敞开心扉的,谈早了,条件不成熟;谈晚了,时过境迁,达不到预期的目的。学生的真心、真情、真话,只有在条件适当,遇到知心、知音、知己时才会倾诉出来。因而个别谈话需要把握好谈话的最佳时机。所谓最佳时机,就是有利于谈话切入、有利于收到实效的恰当时间。这就要求教师要分析学生心理和事情进展状态,善于审时度势,寻找和把握谈话的最佳时机。

【案例】

由于社会的风气、学生生理的特点,初中生中已有谈恋爱的现象。班主任张老师发现班里有谈恋爱的苗头时,非常着急。于是就找了几个相关同学一一谈话。张老师可谓是费尽口舌,给学生分析了初中生谈恋爱的种种弊端,但事与愿违,张老师的苦口婆心不但没换来学生的理解,反而招致了学生的反感,而且使学生的恋爱势头有增无减。这使张老师陷入了深深的苦恼和无名的恐慌。和张老师相反,同样面对班上学生谈恋爱的现象,杨老师只是静观其变,而没有过多采取明显的措施。直到有一天,班上一位一直认为谈恋爱对自己的成绩没有影响的同学失恋了,他感到了痛苦,情绪一落千丈,并直接导致学习成绩大幅度下降。直到这时,杨老师郑重其事地找到了这位同学,一番情理交融、语重心长的谈话之后,这位同学意识到了早恋的危害,并重新静下心来投入到了紧张的学习中。

案例中,同样面对学生早恋的问题,张老师和杨老师选择了同样的干预方式,却带来了不同的后果。主要原因就在于他们对谈话时机的选择。当学生刚刚尝到谈恋爱的甜蜜时,张老师的好意谈话,是不可能被学生接受的。而且,学生会觉得张老师不近人情。相反,当有学生为失恋而困惑、痛苦、无助的时候,杨老师找到了学生,此时,学生感到的是老师的关心、理解和鼓励,对老师的种种建议和观点自然是心领神会。可见,杨老师的成功之处就在于抓住了谈话的最佳时机。

(3)遵循谈话原则

和学生谈话的目的是通过与学生的交流,取得学生的支持和配合,促进学生的进步,而不是为了指责学生,更不是为了惩治学生。所以,在谈话时,要遵循一些沟通原则,如平等原则、尊重原则、换位原则、差异原则等。

平等原则是指教师要放下架子、平易近人，不把教师的意见强加于学生，谈话时要进行双向交流，给学生发表自己意见的机会，允许学生保留自己的意见，允许学生坚持自己的意见。师生关系从根本上应该是平等的，但在实际工作中，教师是教育者、管理者，学生是受教育者、被管理者，教师比学生有更多的生活阅历和知识经验，由此决定了教师和学生的角色和地位不同。这种角色的差异使教师和学生都会存在不平等的心理。有的教师在学生面前只表现威严的一面，而不注意甚至忽视师生本质上的平等关系。在这种不平等的心理环境和气氛中，学生往往会产生畏惧心理，不可能与教师真心沟通思想和交流感情，也不会对教师的引导心悦诚服和自觉接受，很多时候只是违心地说假话。因此，教师要想了解事实真相和学生的真实想法，必须坚持平等原则，以实际行动消除学生的心理顾虑。

【案例】① 给学生一把椅子

学生都怕进老师的办公室，这已经是不争的事实。那里充满着枯燥的教育，冰冷的训诫，伤心的羞辱。办公室，更多的已经成了被温情遗忘的角落！如今，我试图改变一下自己的工作方式。"给学生一把椅子"——这是我现在所追求的教育态度！

我班谢同学对学习相当没兴趣，他所喜欢的事情就是上网，泡酒吧，在自己的手臂上刻字！对于他的行为，我早在前任班主任那里了解得一清二楚。但是，我决定改变他，教育好他。有一次，我布置在班内的"情报人员"告诉我，谢同学近来经常出入酒吧。我得知这个消息后，并没有立刻抓来"审问"，而是先在班内吹风，扬言要"对进入网吧、酒吧者进行严厉查处"。第二天晚自修时间，谢同学主动来找我了，但我故意问他是否有什么学习上的问题要询问老师。看得出来，他是带着难逃此劫的心情，带着抵触的情绪来到我面前的。这时，我把他领到茶水房并给他搬了一张椅子，我笑着说："来啊，你坐啊！"这时我发现他所有的抵触消失了，一场很可能发生的暴风雨就这样烟消云散了。他也许是理解了我的用意，感觉到我就像是他的朋友，知心的朋友！那晚，他敞开心扉与我谈心，也在谈话中感受到了老师对他的关心，对自己的

不当行为有了深刻的认识。之后，他称呼我"石哥"，当然，我就可以像兄长那样教育他了。

案例中，教师给学生搬来的椅子，既帮了学生，也帮了教师。给学生一把椅子，从外在表现和内在心理上使学生觉得和教师处在同一个地位，让学生感受到了一种平等，一种尊重，既让学生尽快摆脱了心理负担，又营造了一个良好的谈话环境。

被别人尊重是每个人的愿望。根据人际交往的黄金定律①，在谈话中，教师必须坚持尊重性原则。尊重性原则包含三层含义：一是要尊重学生人格，二是要尊重学生想法，三是要学会倾听。尊重学生人格就是要把每一个谈话对象当作与自己同等的人看待，不管是优秀学生，还是顽劣的学生，教师都要把对方当作一个有尊严的人看待，尊重学生的隐私，保护学生的自尊。尊重学生想法就是要允许有不同的观点存在，并虚心接受学生观点中的合理之处。即使教师的观点比学生的观点高明，教师也要通过说服的方式使学生心悦诚服地接受，而不是凭着自己的职位或职权将自己的观点强加于学生。学会倾听就是要注意倾听对方的谈话，不要随意插话或打断对方。中小学生正处在青春萌动时期，更希望得到别人的肯定和认可。教师专心地倾听学生的讲述，并不时地与学生目光交流，适时地做一些手势，将会大大地鼓舞学生，激发他们的谈话热情，敲开学生的心扉，使他们心甘情愿说出自己的秘密，倾诉自己的烦恼。乐于倾听、善于倾听，不仅会使教师得到自己所要了解的东西，而且还有意想不到的收获。

【案例】

杨明是一位让所有老师都头疼的"双差生"，但是他乒乓球打得却很好。班主任刘老师在得知他这一特长后，主动邀请他打球。结果刘老师连输三局。此时，刘老师诚恳夸道："'乒乓大王'果真名不虚传。"这句由衷的夸奖沟通了师生间的感情，消除了学生的怀疑心。然后刘老师诚恳地向杨明讨教练好球的经验，最后说："总结你成功的经验，可归纳为四个字——勤奋刻苦，如果你把这种精神用到学习上，可就不得了啦。"杨明笑了，有什么比老师的信

---

① 即，你希望别人怎么对待你，你就怎么对待别人。

任和鼓励更能激发学生的学习热情呢？师生俩还协议彼此学习，互相促进。

不到三月，杨明已跃入中等行列。

案例中的刘老师对于"双差生"杨明，并没有用讽刺、挖苦的语言给予批评与奚落，相反，刘老师以尊重学生的态度，"一分为二"地肯定了学生的进步，指出了他的缺点。这不但没伤他的自尊和引起他的逆反，反而使他感受到老师对他的尊重、友善和期望，从而促成了他行为的转变。

人际交往的白金法则①要求我们在人际交往过程中，必须以同情的心理，站在对方的立场去看待问题，体谅他人的想法，即学会换位思考。站在对方的角度考虑问题，传递的是对对方的尊重与体贴，这有利于彼此间产生好感、促进理解，并作出积极回应。因此，教师与学生谈话时，要善于从学生的角度，通过移情、换位，来理解对方的处境和想法。只有这样，才能赢得学生的尊重，也只有这样，学生才能、才肯和教师进行真诚的交流和用心的沟通。当教师和学生之间出现矛盾时，教师不能仅仅站在自己的角度，对学生进行指责和数落，而是要善于从学生的角度，以学生的心态，站在学生的立场来看待问题、分析问题，这样往往会让教师发现问题的症结所在，找到解决矛盾的切入口和突破口。例如当一个学生总是不能按时完成作业时，教师不要一味地指责、抱怨学生，相反，教师可以站在该生的角度，从其学习能力出发，分析其完成作业的可能性。

学生有不同的个性，不同的成长经历，不同的心理状态，这就要求教师在确定谈什么、怎么谈，在哪里谈时都要做到因人而异。如对于学习成绩差、悲观失望的学生，教师要尽可能不揭他们的短处，而要充分肯定他们的成绩，激发他们内在的自信心，然后再谈正题，效果会更好；和性格内向、不善言辞的学生进行谈话，可从拉家常入手，等到学生完全消除了心理上的紧张感后，再切入正题，谈话就不会出现填鸭式的一问一答状况；和较顽皮的学生进行谈话，可从其感兴趣的话题入手，迂回曲折地引入话题，这样，就可避免不必要的僵局，使谈话能顺利进行下去。

（4）讲究语言艺术

语言是教师与学生个别谈话的主要工具，教师是否能够运用恰当的语言，直接影响着谈话的效果。从表现形式看，语言可分为有声语言和无声语言，有声语言

---

① 即，别人希望你怎么对待他，你就怎么对待他。

即口头语言,无声语言即肢体语言,包括身体姿势、眼神、面部表情、手势等。无论是教师的口头语言,还是肢体语言,都直接向学生传递着一定的信息,从而影响着学生在谈话中的感受、意愿和态度。因而,教师在谈话中必须注重语言的选择和运用。

一是注意自己的语态。有研究表明,在口头交谈中,其信息有55%来自面部表情和身体姿态,38%来自语调,而仅有7%来自真正的词汇。可见,无声语言在人际沟通中起着非常重要的作用,甚至比有声语言传达的信息更为重要。与学生谈话,教师不仅要考虑说什么,而且要考虑怎么说,注意谈话时的措辞、声调、语气。亲切、自然、风趣、幽默的语言,不仅可以增强语言的感染力和说服力,而且有助于形成轻松愉快的谈话气氛,消除谈话对象的疑惧心理,打消不必要的顾虑,从而使其更好地敞开心扉,推心置腹地说出心里话。而讽刺、挖苦的语言不仅降低语言的说服力和感染力,而且会使谈话对象感情上产生隔阂,甚至对立情绪,形成消极的心理效应。

二是注意自己的体态。体态是人的心理的外在反映。在与学生谈话时,教师的姿势反映了其对学生的态度,是肯定还是否定,是喜欢还是厌恶,学生多多少少都能感觉得到。而这将影响学生与教师的心理距离以及学生在谈话中的情绪。试想,如果教师坐着,而让学生站在那里。学生不仅感到很别扭,而且会感到不平等,师生也就很难谈到一起。教师可以亲切地把学生叫到跟前,为他搬个凳子,面对面地坐下来,与之慢慢交谈。这样,学生就会觉得和老师一下子接近了许多。"促膝谈心"这个成语正说明了体态语言在谈话中的作用。

三是注意自己的神态。教师的神态表现着他对谈话对象和内容的态度。一颦一笑都将感染和影响学生谈话时的情绪。教师在谈话中应表现出热情、坦诚、专注,表现出尊重、关心和爱护,表现出自信、乐观和谦虚。只有这样,学生才会无顾虑地与你交谈,说出自己的心里话,才会乐意接受谈话内容。如果在与学生谈话中,教师心不在焉、漫不经心、缺乏真诚、悲观消极,就会刺伤学生的自尊心,就会造成厌烦、对立等不利于谈话的情绪和气氛,就不可能发挥谈话的教育引导作用。因此,教师必须注意和学生谈话时的神态表情,切不可怒气冲冲、盛气凌人。教师要通过自己的面部表情,使学生体会到兄长和朋友的平等友好气氛,看到眼前严父慈母般的关心和爱护,这样才能使学生向你敞开心扉,接受你的意见,也接受你的批评。

（5）拓宽谈话渠道

正式谈话和非正式谈话是两种性质不同的谈话方式。正式谈话尽管具有明确的谈话目的和周密的谈话计划，但由于其具有的封闭性和严肃性，容易给学生造成心理压力，使学生形成一种戒备心理，不敢或不想表达自己的内心世界。相反，非正式谈话所具有的随意性，不会给学生带来心理压力。在此状态下进行谈话，学生所流露出来的正是他们真实的内心世界。因为在非正式场合，特别是在休闲活动中，人的心情比较放松，没有什么顾虑，说话不加修饰，因而有助于教师了解学生的真实想法。为此，除了正式谈话，教师可以在工作之余，多参加一些非正式活动，多花费一些时间，到学生中去，以平等的态度与他们交流，一定会有许多意想不到的收获。

（6）灵活选择谈话方式

大多数情况下，教师与学生个别谈话都是在办公室进行，教师与学生郑重其事地面对面，有时还会有其他教师在场，这往往会增加学生的心理负担，造成一定的交谈障碍。除了面对面的交谈，教师还可以选择通过网络、电子邮件、写信等方式与学生进行个别谈话。由于网络、电子邮件、写信等方式不是面对面的交流，一方面有利于减少学生的顾虑，另一方面，还能增强教师在学生中的影响力，因为一个熟练掌握现代科技的教师要比一个远离现代化的教师和学生有更多的共同话题，这样的教师更容易被学生所接纳。同时，在快速变化的当今社会，只有紧跟时代脉搏和社会潮流，教师才能及时深入、全面了解学生的价值追求和心理动态。

【案例】①

学生介绍

小艺是一名小学五年级学生，平时学习认真，成绩十分优秀，和同学关系也十分融洽，每次考试在班里都是名列前茅。但是在一次考试中，小艺意外失利，没有发挥好。接连几次成绩下滑，上课时经常走神，人也变得沉默了。

谈话准备

班主任老师决定找小艺进行一次谈话。为了使谈话更有针对性，班主任老师在谈话之前特地向与小艺要好的同学了解小艺最近的情况。据同学反

---

① http://wenku.baidu.com/view/04727ed676a20029bd642df2.html. 2013-08-01.

映,小艺之所以会这样是因为在上一次的考试中考砸了,她觉得让父母失望了,觉得很内疚,自信心也大受打击,所以在上课时候老是在想怎样才能挽回,考试时因心理压力大不能正常发挥。根据同学的反映,老师又找小艺的父母了解情况。小艺的父母平时对小艺的期望很高,对她引以为傲。小艺很重视父母的看法,不想让父母失望,因此感到压力很大。所以每当要考试时,总是要复习到很晚,而且小艺的课外训练也十分多,由此也养成了小艺对学习好胜心强的心理。在这次的考试中失利,回家后被父母责备,结果导致小艺心情沮丧,上课走神,成绩迅速下滑。

谈话过程

(小艺来到班主任老师办公室,显得有些局促不安,可能害怕自己的考试成绩不理想而被批评。班主任老师并没有直接开始谈话,而是首先搬来一把椅子,请小艺坐下,然后接了一杯水放在了小艺的面前)

师: 小艺,不要感到不安,今天老师找你来就是想和你聊聊天,一起说说最近班上发生的事情。

(小艺默不作声)

师: 小艺,老师发现你最近上课总是走神,精神也不太好,是不是晚上睡得太晚了?

生: 我每天晚上作业都做到 11 点左右才睡的。

师: 有那么多作业要做吗?最近老师布置的作业你不是在学校里都能完成吗?

生: 爸爸妈妈还给我买了很多课外的练习,我每天都要写,不能落后于其他同学!

师: 可是你的成绩已经很优秀了,没必要再做太多课外练习了。而且你这样第二天也没精神,不是适得其反吗?

生: 老师,你不了解我!我不想让爸爸妈妈失望!我要成为最优秀的孩子,让她们为我骄傲!

(老师觉得小艺情绪激动了,就叫她回去午睡休息,可小艺回教室后又埋头写作业了)

过了几天,小艺上课表现仍没什么变化,成绩也仍然没有起色,一天放学后,老师又把小艺叫到办公室。

师：小艺，最近老师看到了一个有趣的小故事，讲给你听。

（小艺抬头看了看老师，露出好奇的神情。）

师：从前有一个叫快乐森林的地方，里面住着一只活泼可爱的小兔子，他可是快乐森林里成绩顶呱呱的孩子，学习很用功，每次考试他都考第一，让兔妈妈感到非常骄傲。兔妈妈在他回家后都会准备丰盛的萝卜大餐。但有一次小兔子考砸啦，非常沮丧，担心妈妈会责备他。（老师把目光转向小艺）小艺，你觉得兔妈妈会怎样？

生：那当然会很生气，很失望，为了惩罚他还不给他做萝卜大餐了。

师：呵呵，你猜错了，当小兔子回家后，兔妈妈照常给小兔子准备了大餐，小兔子很疑惑："妈妈，我都考砸了，你怎么不惩罚我，还给我做大餐？"兔妈妈对小兔子说："宝贝，这是对你每次考试用功复习的奖励，妈妈希望你能快乐地学习，不要把考试的结果看得太重要。你永远都是妈妈心中的好孩子。"听了妈妈的话，小兔子恍然大悟，原来妈妈对他的爱并不是用分数来衡量的，从此以后，他又做回了快乐无忧的孩子。小艺，从这个故事中你明白了什么？

生：呃……我明白了兔妈妈的爱是无私的。

师：那你觉得你父母对你的爱呢？

生：我爸妈也很爱我。他们对我的期望很高，如果我像小兔子一样考砸了，他们一定会失望的。

师：小艺啊，其实天下父母心都是一样的，他们注重的是你过程中的努力，而不是结果。事实上，父母的爱是无条件的，你不应该把这当成一种压力，而应化为动力。

（小艺豁然开朗）

师：老师相信你一定能再次找回自信，在考试中正常发挥，再次取得好成绩。

小艺绽开笑脸，用力点点头：嗯！谢谢老师！

后续

经过谈话之后，小艺有了很大改善，在接下来几天的上课中，老师都发现小艺状态良好，重拾了信心，在考试中也有很好的发挥。

在这个案例中,小艺,这个学习成绩一直优异的孩子,其自尊心较强,如果教师直接指明她的问题所在,很有可能挫伤她的自信心,带来更严重的影响。值得庆幸的是,案例中的教师并没有这样做,而是首先通过对小艺的家访和从与同学交流得到的信息,在初步了解了小艺面临的问题和产生问题的原因之后,才去和小艺进行单独谈话。

值得注意的是,教师和小艺见面后,并没有单刀直入问及小艺学习的事情,而是先给小艺搬来一把椅子让其坐下,随后又给小艺接了一杯水。教师的这一举动,立即拉近了小艺和自己的心理距离。谈话开始,教师也并没有直击小艺的问题,而是轻描淡写地以"聊天""说说班上的事"为开场白,后来好像在不经意间才谈到小艺的问题。这种迂回的谈话方式无疑消除了小艺的心理负担和精神顾虑。

访谈中,教师对小艺并没有进行长篇大论的说教,而是通过讲故事的形式,采取晓之以理、动之以情的方法,对小艺的错误认知"爸爸妈妈对自己期望大,自己一定要考第一名"进行教育,最终使小艺认识到了自己认知上的错误,并愿意作出调整,将父母的期望转化为学习的动力而不是压力,并重拾信心,重新找回了以前优异的学习状态。

总结案例中教师和学生个别谈话的过程,可以将其成功经验概括如下:

首先,注意原因诊断。教师在和小艺正式谈话之前,特地找小艺的父母和要好的同学全面了解小艺的近况,保证了谈话的针对性。

其次,注意情感沟通,言外之功。案例中的教师在谈话过程中,十分注重和学生的情感沟通。为学生搬椅子、倒水等行为都深深触动了学生的情感,打开了小艺的心扉。小艺感受到了教师对自己的关心和宽容,从而才愿意和教师吐露心声、倾诉烦恼,并愿意接受教师的建议,改变自己的行为。

再次,讲究谈话方式。案例中教师并没有死板说教的方式,而是采用了小学生喜欢的讲故事的方式,寓教于乐,以形象生动的故事打开了小艺的心结。

最后,注重语言艺术。案例中教师的措辞和语气大多是关切、肯定、激励性的,这不但保护了小艺的自尊心,而且对小艺的心灵产生了极大震撼和影响,从而十分乐意接受教师的教导和意见。

需要强调的是,案例中教师和小艺的谈话之所以能取得成功,除了得益于以上几点谈话技巧外,最重要的应该归功于教师对于学生深深的爱。

四、导学案法

（一）导学案含义

所谓导学案，是教师在课前为了引导学生有针对性地学习而设计的方案。导学案既是学生课前预习的抓手，也是教师以学定教的抓手。

导学案是教师用以帮助学生掌握教材内容、沟通学与教的桥梁，也是帮助学生自主学习的重要媒介。利用导学案，教师能全面了解学生的学习基础、学习特点、学习习惯、学习需求等，从而有效结合学生"学"的实际，及时调整自己的教学方案，实施针对性的教学策略。

（二）导学案的构成

一般地说，导学案由学习目标、学习重难点、学习内容、学法指导、学习小结、达标检测等几部分组成。

1. 学习目标

学习目标具有导向功能、激励功能、调控功能。在内容上，学习目标的设置应包括知识与技能、过程与方法、情感态度价值观三个维度。整体来说，学习目标应体现明确、具体、可操作、能达成的特点。如对目标的表述，要用"能识记""能说出""会运用……解决……问题"等可操作、可检测的用语，而尽量不用"了解、掌握"等模糊性语言。

【案例】①

张老师在设计《社戏》一课导学案时，设定了三个教学目标：（1）梳理情

---

① 张长祥：《结合〈社戏〉谈导学案的编写》，《西藏教育》，2012 年第 12 期。

节,理清详略。(2)分析人物性格,体会作者对童年生活的独特感受。(3)理解景物描写的作用,有感情地朗读全文。第四个目标由学生制订。

从课程标准来看,《社戏》是人教版初中语文七年级下册第四单元的一篇讲读课文。就体裁而言,它属于小说,因而,在设计导学案时,将文本的学习目标定位在小说上,围绕小说的三要素来进行设计是比较科学的。从数量来看,教学目标数量合适,每个目标也比较具体,可操作。另外,让学生自己制订学习目标,充分突出和保证了学生的自主性。

2. 课前检测

确立了明确的目标之后,为了高效地达成这样的目标,学生课前的准备必不可少。这是编制"导学案"的重要一步。课前检测属于诊断性检测,关心的是学生的已有经验,以及对即将进行的课堂教学需要具备的准备状态,是在目标分析与教学活动之间进行的。这是评价的第一步。通过课前检测,教师就能紧扣目标检测学生的课前预备状态,能够及时调整教学方案,即学生课前不会的知识点,可以通过课堂教学来完成;学生在课前检测中产生的疑问,可以通过课堂来讨论。这样学生学习的自主性就会有所增加。

由于学生预习条件的限制,身边可查阅的资料有限,所以课前检测尤其要注意难度应把握恰当。它只要求学生做好学习新内容的准备,为教师提供调整教学内容的依据,不能把本该在课上进行的东西前移到课前来。课前检测题量难度应适中,作业时间宜控制在十五分钟内完成。

【案例】①

《社戏》课前检测部分,张老师一共设置了六条题目,其中前三条分别围绕字音、形、义和文学常识出题。在第一和第二条有关音形义的题目后面,张老师又分别设置了两个问题让学生填写:(1)文中有哪些词语你还不认识?(2)你认为还需要讲解的词语。后三条张老师围绕学习目标——人物、情节、环境三个知识点设置成三个具体的问题:(1)试着理清故事情节,请用带颜色笔在课文中标注。(2)文中写了哪些人物?大体上说说人物的性格,用一句

---

① 张长祥:《结合〈社戏〉谈导学案的编写》,《西藏教育》,2012 年第 12 期。

话来概括其性格。(3)找出文中景物描写的语段。

　　案例中张老师在导学案课前检测部分设计的题目,就数量来说,共六条,数量适当,是学生可以完成的。就题目内容来看,前三条注重基础知识的预习。学生可以借助身边的工具书来完成,可操作性强。让学生填写的两个问题,能够让老师及时掌握学生学习难点,调整教案,有的放矢地进行教学。后三条围绕人物、情节、环境三个知识点设置的问题也是根据学生基础设置的,由于学生在初一上学期已经学过小说,有一定的基础,学生在通读全文的基础上,应该能够顺利完成。

　　3. 学习重难点

　　确定教学重点、难点是为了进一步明确教学目标,以便更好地为实现教学目标服务。明确重难点,有助于引起学生的重视,有助于学生根据重难点查漏补缺。

　　教学重难点是针对学生的学习而言的,因此,确定教学重难点要求教师认真、全面了解、分析学生原有的知识和技能的状况、兴趣、需要和思想状况、学习方法和学习习惯等,根据学情来确定重难点。同时,确定教学重难点要求教师明确这节课的完整知识体系框架和教学目标,并把课程标准、教材整合起来,确定教学重点难点。

　　4. 学习内容

　　学习内容是导学案的核心,要体现导学、导思、导练的功能。学习内容应体现知识问题化、问题层次化的特点,否则,导学案就成为一份试卷、一本习题集。

　　5. 学法指导

　　导学案既不同于教案,也不同于学案,而是教师引导学生学习的方案。其特点是以"导"为主,通过教师的"导",让学生的学走在教的前头,把学会学习的理念和要求,有效地落实和体现在整个教学过程中,它变传统的讲授式的"要我学"为学生积极主动参与式的"我要学"。在整个过程中,教师的作用就在于通过学案导学变"授人以鱼"为"授人以渔",同时注意学法指导的基础性与发展性,在引导学生形成基础性学习方法的同时,重视学生的发展性学习,让学生能够用已学方法,去解决新情况、新问题。

　　具体到学法,常见的有两种形式,一是具体学科的学习方法,如数学中常用的归纳、转化、分析、数形结合等数学思想和方法等,二是学生平时普遍的学习方法,做笔记的方法、自主学习的方法、小组合作的技巧等。教师可以根据学科特点和学生实际,给予相应的学法指导。

6. 学习小结

学习小结，即指对本节课的知识结构和体系进行整理、归纳，其目标是让学生学会独立将课本上的知识进行分析综合、整理归纳，形成一个完整的知识体系。在这部分，具体的知识点要尽可能留出空白让学生来填写。与其他章节知识联系紧密的，在归纳出本节知识结构的基础上要体现与其他章节等知识的联系。

7. 达标检测

达标检测部分主要是为了了解学生对本课时学习内容的掌握情况。达标检测题的编写，要求紧扣课标，做到题型多样、题量适中、难度合适，既面向全体，又关注差异，体现针对性和典型性。达标检测要求学生在规定时间独立完成，以全面检测学生学习情况，并及时给予反馈矫正。

（三）导学案编写原则

作为一种新的教学手段或教学方法，导学案以学生的"学"为出发点和归宿，从学生如何"学"的角度思考和设计学生的学习活动，其着眼点在于学生学什么和如何学，体现的是以学生为中心。就其内容来说，反映的主要是学生的学习目标、学习内容、学习环节以及学习活动过程。为达到最佳效果，导学案内容应遵循以下几个基本原则。

1. 生本化原则

导学案的主体是学生，因此每个导学案的编写，都要以生为本。要在充分了解学生的基础上，根据学生的实际情况和需求来编写，容量和难度都要适合于学生的实际，容量过大或难度超出学生实际是毫无意义的。

2. 课时化原则

课时化原则指的是导学案要分课时编写，即一个课时，一个导学案。在教学实施中，一些节次的内容可能需要几个学时完成，或者一个学时要落实多个节次的教学内容。因此，需要教师根据实际的上课安排，分课时编写导学案，使学生的每一节课都有明确的学习目标，能有效地完成学习任务。

3. 知识问题化原则

知识问题化原则指的是要将知识点变为探索性的问题，而尽量少用或不用填空的形式组织导学内容，以避免学生依照课本、死记硬背、对号入座。将知识问题化，有助于通过对知识点的复述、设疑、质疑、解释和应用，激发学生自主思考，培养学生的探究精神以及对教材的分析、归纳、演绎能力。知识问题化要求教师必须精心设计每一个问题,可以说,问题设计的优劣,是衡量导学案水平的重要标尺。整体来说,问题设计要能启发学生思考、激发学生兴趣、培养学生自学能力,使学生养成学习与思考相结合的习惯。

【案例】[①]

一教师在教学《三角形的中位线》时,设计了如下题目:

(1)任意作一个四边形,并将其四边的中点依次连接起来,得到一个新的四边形,这个新的四边形的形状有什么特征?请证明你的结论,并与同伴们进行交流。

(2)如果依次连接平行四边形各边的中点能得到一个什么图形?

(3)如果依次连接菱形或矩形各边的中点能得到一个什么图形?

(4)如果依次连接正方形各边的中点呢?

案例中,教师通过设置难度不同的问题让学生掌握和应用"三角形中位线的性质"这个知识点。四个问题不断变化题目条件,逐渐提高难度,富有挑战性,学生要想正确解答出来,必须进行合理的分类比较、正确的空间想象以及较强的分析综合能力。因此,将知识问题化的学习方式比直接识记三角形中位线的性质效果好得多。

4. 层次性原则

层次性原则指的是在编写导学案时,教师要将难易不一、杂乱无序的学习内容整理成有序的、阶梯性的、符合各层次学生认知规律的学习方案。首先,在内容方面,导学案可以将知识分为识记类知识、理解类知识、应用类知识、拓展类知识等几个层次;其次,在知识难易度上,导学案的设计要能满足不同层次学生的需求,要使优秀生从导学案的设计中感到挑战,一般学生受到激励,学困生也能尝到成功的喜悦,以最大限度地调动学生的学习积极性,提高学生学习的自信心,使每个学生都学有所得;再次,在知识的编排顺序上,导学案要能引导学生由浅入深、层层深入地认识教材、理解教材,使每个学生都能循序渐进地掌握所有知识。

---

① 曾维溪:《浅谈数学导学案中"问题"的设计》,《语数外学习》,2013 年第 3 期。

【案例】①

一数学老师在设计《求等腰三角形内角度数》的导学案时,设计了如下的问题:

问题1:如果顶角为40°,那么它的另外两个内角的度数分别为多少?

问题2:如果底角为40°,那么它的另外两个内角的度数分别为多少?

问题3:如果有一个内角为40°,那么它的另外两个内角的度数分别为多少?

问题4:从前面几个问题你得到了什么启示?已知等腰三角形的一个内角度数为n,它的另外两个内角的度数分别为多少?

案例中该教师设计的四个问题从易到难,一环扣一环,可以面向班级中不同层次的学生。以上问题的设计既顾及了全体,又对中等生和优等生是一种挑战,从而激发了每一位学生的兴趣,调动了每一位学生的积极性。

5. 指导性原则

导学案的主体是学生,但这并不意味着教师可以撒手不管。相反,学生主体作用发挥得如何,主要看教师"导"的作用如何。教师的"导"的职责不仅仅是编制文本化的方案,而是应贯穿于学案实施的整个过程。这就要求教师从学案的编写到实施,都要发挥指导或主导作用,采用有效的手段,把握恰当的时机,引导学生学会设疑、学会质疑、学会释疑。

(四) 运用导学案进行评价应注意的事项

1. 导学案要提前发放

为了给学生充足的预习时间,教师必须将导学案在课堂教学之前的一段时间发给学生,而不是上课前匆匆忙忙才给学生。

2. 导学案要求学生独立完成

导学案的主要目的就是了解学生学情,培养学生自主学习的习惯和能力。因此,对于导学案的学习,教师要严格要求学生独立完成,杜绝抄袭,弄虚作假。否则,导学案就失去了其应有的意义。

---

① 曾维溪:《浅谈数学导学案中"问题"的设计》,《语数外学习》,2013年第3期。

3. 课前要认真批改导学案

课堂教学之前，教师要及时、认真检查学生导学案的完成情况，根据实际情况对导学案进行抽批或全批，以了解学生通过预习掌握了什么，存在哪些疑惑。个别问题可以在导学案上直接解决，共性的问题则要分类归纳整理出来，以便适当调整教学设计，有针对性地进行课堂教学。

4. 课中要重点讲解导学案中共性疑难问题

反馈矫正是提高课堂教学效益的一个重要手段和途径，在课堂教学中，教师要根据导学案的检查情况，针对导学案中的共性疑难问题，圈定教学重点难点，设计疑难突破情境，规划课堂教学环节，做到精讲精练——学生已经学会的不讲，学生通过自己努力能够学会的不讲，讲了也不会的不讲，而是要集中讲重点，讲难点，讲易错点，易混点，遗漏点。对于学生导学案中的共性疑难问题，要求学生在导学案上作出重点标记，同时还要整理知识点、做题方法及规律。

5. 课后要发挥导学案的反馈作用

上课结束，要把当堂课的学案收齐，查找学生共性问题并及时收集整理，以为下节课学案设计提供反馈。

五、实施诊断性学生评价应注意的事项

（一）将诊断与治疗结合起来

诊断性评价有两个显著的特点：一个是重诊断，即对原来的状态和效果进行判断；另一个是重治疗，即对发现的问题加以改进。如果在运用诊断性评价的过程中只"诊断"而不"治疗"，往往容易导致评价流于形式，失去诊断的意义。更为糟糕的是，如果误把诊断仅仅当作一种甄别的手段，就会导致过早给学生贴上不同的"标签"，挫伤学生的自尊心和学习的积极性，无法实现因材施教。因此，如何将"诊断"与"治疗"有效地结合起来,真正发挥评价的作用,是进行诊断性评价应该注意的问题。

(二)诊断的内容应全面

教育评价中的"诊断"不同于医学中的"诊断",其含义较广,不限于查明、辨认和确定学生的不足和"病症",它也包括对学生优点和特殊才能的识别,以便为因材施教提供依据。因而,实施诊断性评价,应全面诊断学生的发展状况,而不仅仅是其存在的不足。

(三)将诊断性评价贯穿教学全过程

可以说,整个教学过程就是不断发现问题和不断改进问题的过程。同时,我们要注意,教学过程可以从不同层面来理解,我们既可以把一学期当作一个教学过程,也可以把一个单元看作一个教学过程,同时,我们还可以把一个课时看作一个教学过程。诊断性评价目的在于发现问题,改进问题,因而诊断性评价应根据需要贯穿教学全过程,而不仅仅是在学期初使用。

第三章

形成性学生评价

【案例】①

　　在一节数学课上,教师讲授完三元一次方程的知识之后,出示了这样一道题目请同学练习:

　　方程 1:$2X - Y = 2$

　　方程 2:$3X - 3Y + 2Z = 7$

　　方程 3:$X + 2Y - 7Z = 1$

　　2 分钟后,教师对学生进行提问,A、B、C 三位同学先后给出了同样的答案:$X = 3,Y = 4,Z = 5$。答案是正确的,老师逐一给予了他们"正确""很好""请坐下"的肯定性评价之后,接着进入了新的教学环节。

　　显然,案例中的教师注重的是终结性评价,而忽略了形成性评价。尽管案例中三个同学的答案是一样的,但是他们的思维方式和运算方法可能是不一样的。可能有的是运用了消元法,有的则运用了代入法。而采取消元法,又是如何消元的呢? 针对这道题目,采用哪种方法更为简便? 在面对类似的问题时,该如何根据代数式的特征采用相应的方法? 教师只重学生学习结果而忽视学生学习过程的做法,可能导致教师对学生的学习状况只知其然,而不知其所以然。无疑,这不利于教师掌握学生学习水平的真实状态,也无法发现学生学习过程中存在的问题和不足,从而也就不能有效调整和改进自己的教学。

　　形成性评价是指通过观察、活动记录、测验、问卷调查、咨询等形式对学生的学习进行的持续评价。形成性评价关注学习过程,是一种过程性评价,试图通过改进学习过程来改善学习结果。它除了评价知识、技能等可以量化的方面以外,更适合评价兴趣、态度、策略、合作精神等不易量化的品质。

　　形成性评价主要是在教学和学习过程中进行的,与诊断性评价和终结性评价相比较,形成性评价的次数较频繁,概括的水平较低,重在实施过程中依据评价所获得的信

---

① 张虹:《提高课堂评价语言有效性的研究》,华东师范大学 2006 年硕士学位论文,第 20 页。

息及时调整和改善教育教学过程及学习过程,给学生提供有效的帮助,即对未达到要求的学生及时发现问题并予以有步骤的矫正,对已经掌握要领的学生进行强化和鼓励,从而促进全体学生的持续性发展。

形成性评价的实施手段和措施多种多样,其中常用的方式有课堂评价、作业评价、成长记录袋评价和表现性评价。

一、课堂评价

课堂是学校教育的基本单位,也是最主要的教育场所。课堂教学是教师对学生进行知识传授、思想引领和技能训练的主要渠道,课堂评价也成为教师对学生进行评价的主要形式。课堂评价主要有课堂提问、课堂观察和课堂测验几种方式。

(一) 课堂提问

1. 课堂提问的含义

我国著名教育家叶圣陶先生曾说过:"教师之为教,不在于全盘授与,而在于相机诱导。"相机诱导即适时提问。所谓课堂提问,指的是教师围绕课堂教学内容,根据教学的需要,设计一定的题目,通过口头问答的方式,检测学生学习情况的教学活动。课堂提问是课堂教学中不可或缺的一个重要环节。课堂提问所具有的直接性、即时性、灵活性和综合性等特点,有助于教师及时获得教学反馈信息,是完成教学任务,提高课堂教学质量的一个重要手段,也是教师评价学生用得最多的一种评价方式。

2. 课堂提问的类型

课堂提问的类型有很多,从不同的角度可以进行不同的设计。许多研究者对提问类型进行了设计,其中以美国教育家特尼(Turney)创设的"布卢姆·特尼"提问设计模式最为著名。在这种设计模式中,教学提问被分成由低到高六个不同的层次水平:知识(回忆)水平、理解水平、应用水平、分析水平、综合水平和评价水平,每个水平的提问都与学生不同类型的思维活动相对应。

（1）知识（回忆）水平提问

这种提问要求学生通过回忆检索已有知识来回答问题。问题的答案教师先前已给出，学生不需要深入思考，只需通过回忆和再认，从记忆中提取材料，就可以回答此类问题，如"三角形面积的计算公式是什么"、"力的单位是什么"、"《红楼梦》的作者是谁"等等。知识水平的提问可以用来确认学生是否掌握了所学内容。但此类提问给学生留有思考的空间较少，主要用于测量学生的记忆力，学生不需要进行深入思考就可以回答，属于最低水平的提问。此类问题在课堂上不宜过多使用，一般在课堂引入阶段教师检查学生先前知识情况，或课堂讲授阶段教师了解学生对新内容的掌握情况，适合使用此种提问方式。

（2）理解水平提问

这类提问要求学生对所学内容进行一定的转换、加工、解释和推测，能把知识由一种形式转变为另一种形式，用自己的话对事实或事件进行叙述。如："试解释热胀冷缩现象"、"平行四边形与矩形的共同点与不同点有哪些"等。理解水平的提问一般用于检查学生理解掌握知识的情况，帮助学生组织所学知识，进一步加工学习的内容。此种提问一般用于讲授新课之后。

（3）应用水平提问

应用水平提问要求学生把所学的概念、规则、理论等知识应用于解决某些问题或把先前所学知识迁移到新问题情境之中。这种问题在理科教学中常常被使用，如利用加法来学习乘法，由三角形的面积公式来学习平行四边形的面积计算公式等。它可以用来考查学生对程序性知识掌握的情况，一般在课堂新内容的讲授、练习中使用此种提问。如："利用你学过的物理知识，提出消除生活中噪音的方法"、"请用你学过的英语单词写一篇作文"等等。

（4）分析水平提问

分析水平提问要求学生能够运用已学过的知识来分析事物的结构、成因以及事物之间的联系、因果等关系。如有教师在教学《孔乙己》一课时，就设计了这样的问题："写孔乙己掏钱买酒的动作，前次用了'排'，后次用了'摸'，其含义有什么不同?"这种问题没有现成的答案，学生要根据所学内容，分析资料，理解知识结构，找出事物间的联系，以确定原因，进行推论。此种提问对学生的要求较高，一般适合年龄稍大、具有一定的分析能力和批判性思维能力的学生。让学生回答这类提问时，应给予鼓励和帮助,使学生分析能力在教师的帮助下得到不断提高。

（5）综合水平提问

综合水平提问要求学生在记忆中检索与问题有关的知识,对知识进行整体性的理解,并将这些知识以一种新的有创造性的方式结合起来,形成一种新的联系。如教学《麻雀》时可提问:"刚才听了音乐,读了课文,你好像看到了什么？好像听到什么？老麻雀什么地方使你感动？"回答这三个问题,需要学生对整篇文章进行思考、想象和体悟。这类提问有利于学生进行深入思考,对学生思维能力特别是创造能力的培养具有重要作用。

这类水平的提问适合在课堂讨论、合作学习、探究学习等学习方式中运用,在提问后教师应留给学生足够的时间去思考。此外,教师应注重学生间的合作和探究,使学生不仅能综合利用已学知识来解决问题,还能利用同伴资源进行社会建构,激发新的想法来解决问题。

（6）评价水平提问

评价水平提问要求学生对所给出的材料给出自己的价值判断和选择。这种提问是最高水平的提问,它能帮助学生根据一定的标准评判事物的价值,从不同角度认识和分析问题,评价事物。如在教学《桂林山水》一课时,一教师在教学结束时提问:"课文末尾一段与开头一段有什么关系？围绕'桂林山水甲天下'这个中心,课文在语言运用上有什么特色？"这个问题可以引导学生进一步欣赏课文的语言美,理解课文的写作特点,对课文有更全面、整体和深入的了解。

3. 课堂提问应遵循的原则

（1）学生主体原则

课堂提问包含两层含义:教师问,学生答和学生问,教师（或其他学生）答。在课堂提问中,教师和学生都应该成为提问的主体。在以往实践中,一般是教师问,学生答,教师总是处于主动地位,而学生时常处于被动地位。常言道,提一个有价值的问题要比回答一个问题更难。能提出问题,说明学生对所学的东西有思考、有疑惑。因此,课堂提问,要发挥学生的主体作用,一是让学生成为提问的主体。这样,既激发了学生的积极性,培养了学生的提问能力,同时也检测了学生知识掌握的情况及整体发展状况。二是让学生成为评价的主体。在某一学生回答后,如果其他学生能力所及,教师应让其他学生进行点评,这样既调动了全体学生的积极性,也锻炼了大多数学生的分析能力和评价能力,同时有利于同学之间相互交流、相互学习。

（2）尊重性原则

尊重性原则要求教师首先要尊重学生的提问。在课堂提问的过程中,师生互动、生生互动,必然会产生新的疑问。对于学生提出的问题,不管质量如何,教师都应给予尊重,作出回应,必要时还要给予引导。而不能置之不理,更不能认为学生是在扰乱课堂、挑衅教师,因而训斥学生。其次要尊重学生的见解。同一问题,学生可能会有诸多不同的回答,有的回答可能会与教师的预设答案有出入,甚至完全相反,对此,教师不应以统一答案要求学生或嘲讽学生,而应尊重学生的回答,分析其中存在的合理性,同时指出其存在的不足。再次要尊重学生的人格。提问是教师了解学生的手段,而不是教师惩治学生的武器。提问时,教师要就事论事,对回答不好的同学,要努力加以引导,切忌用语言进行讽刺、挖苦或人身攻击。

【案例】[①] **漓江的水绿得像青梅酒**

　　有位教师教学《桂林山水》时,提出一个问题:"漓江的水绿得像什么?"他期望的答案是课本上的"绿得像无瑕的翡翠",但有位学生回答说:"绿得像青梅酒。"

　　这位老师并没有否认该生的答案,而是接着问道:"老师不喝酒,见得也少,青梅酒真是绿的吗?"

　　学生回答:"是的,我爸爸常常喝酒,我亲眼看见过他喝的青梅酒是碧绿碧绿的。"

　　教师说:"大家知道,多喝酒会醉,那么,望着这青梅酒一样的漓江水,人会怎样?"

　　有的学生说:"漓江水绿得像青梅酒,令人心醉。"

　　有的学生说:"望着漓江的绿水,就像喝着青梅酒,叫人醉而忘返。"

　　……

案例中的这位教师面对学生"出格"的回答,没有因为它不合乎自己的预想而轻易否定,而是顺着学生的思路,引导学生感受漓江水美的特色,同样达到了良好的教学效果。这样就把学生的回答吸纳到了教学过程之中。可见,教师在与学生的问答过程中,要尊重学生,合理地吸收他们的见解,使之为课堂教学所用。

---

① 李冲锋:《课堂教学应变:案例与指导》,教育科学出版社 2010 年版,第 87—88 页。

【案例】

　　同是学生被教师的课堂提问难住,甲、乙、丙三位教师的处理方式各不相同。

　　教师甲:(语气很重,冲着该生)整天上课开小差,结果怎样?这么简单的问题都不能回答,太笨了!坐下!

　　教师乙:(生气,但不表现出来)坐下。谁来帮他?

　　教师丙:(微笑、和蔼地)别急,回忆一下,我们昨天学过的内容,当时你听得很认真。想想,昨天××同学是怎样回答的?

　　学生:(思索片刻,说出了与问题答案相关的一句话)

　　教师丙:(很兴奋)对呀!看来,你是很棒的!

　　(学生体面地坐下,并投入到后面的学习中)

　　案例中,对于同样是不能回答教师提问的学生,三个教师采取了不同的处理方式。无疑,教师丙的处理方式是最妥当的,面对不会回答的学生,尊重、信任他们是新课改对教师的基本要求,当学生遇到困难时,教师应耐心点拨,鼓励学生积极思考,而不能冷言冷语,甚至讽刺挖苦。

　　(3)差异性原则

　　在课堂上,对于教师的提问,不同的学生有不同的反应。学习基础比较差的学生,往往存在着自卑心理,上课不敢举手发言,甚至害怕被教师提问,唯恐讲错了被同学笑话,被教师批评;而学习基础好的学生表现就比较积极,总是主动举手回答问题;性格内向的学生有时候缺乏主动回答问题的勇气;而冲动型的学生,有时候还没等教师把问题说完,就已经举起了手。这就要求教师进行提问时要照顾到学生的个别差异,要根据问题的难易程度请不同的学生来回答,为每个学生参与课堂教学提供机会、创造条件。教师在对学生进行评价时,也要根据学生的实际情况,给予不同的评价。如对学习困难而又自卑的学生,教师评价时应重在鼓励其参与课堂活动,注意保护其积极性,寻找其闪光点,及时肯定他们的点滴进步,帮助其建立学习上的自信;对成绩一般的学生,要鼓励其再接再厉,更上一层楼;对成绩好而又自信的学生,评价时应重在鼓励他们创新,引导他们从另一个角度思考问题,从而超越自我、创新自我;而对没有经过认真思考就抢着回答问题的学生,教师既要肯定他们的积极性,同时也要委婉地劝告他们,要养成认真倾听、深刻思考的良好习惯。

此外，由于学生的认知特点、思维方式等都存在差异，对于同一个问题，不同的学生可能给出不同的答案。因此，教师必须尊重学生的智能结构差异，允许和鼓励学生有不同的答案和想法，为学生的思维提供一个自由、创新的空间。

（4）启发性原则

启发性原则是课堂教学的基本原则，也是课堂提问的重要原则。所谓启发性原则，指的是教师并不直接把问题答案告诉学生，而是通过含而不露、指而不明、开而不达、引而不发的方式引导学生自己去寻找答案、发现答案。启发性原则要求教师在提问时，首先要确保问题具有启发性。教师提的问题要能够起到举一反三、触类旁通的作用，能够使学生从一个问题联想到其他问题，从而促进学生综合思维能力的发展。其次，提问方式要具有启发性。提问方式，既可以激发学生的求知欲和积极性，也可以使学生面对问题，无动于衷。教师要找准问题的切入点和学生的兴奋点进行提问。再次，对学生回答进行反馈时要给予学生启发。对学生的回答，教师不能简单地给予"对"或"错"的反馈，而应根据学生的实际情况，进行启发，给予引导，使学生对问题的认识更全面、更深刻。

【案例】①

如下是特级教师支玉恒老师执教《太阳》的一个片段。

师：这是一双小绣花鞋，昨天你们学校展示课外活动小组的制作成果，而且进行义卖活动，我买了这双漂亮的绣花鞋。今天拿到了课堂上，是想问你们：课文上说，太阳与地球有非常密切的关系，没有太阳，就没有我们这个美丽可爱的世界。那么这双美丽可爱的绣花鞋与太阳有什么关系？

生：这双绣花鞋的材料里面有棉花做成的布，棉花是植物，没有太阳就没有植物，也就没有这双绣花鞋了。

师：说得有道理，但我不用棉花，而全用丝织品，比如绸缎来做。

生：绸缎是蚕丝做的，蚕是动物，也离不开太阳，没有太阳，这双鞋也不会产生。

生：不管用什么材料，都得人来做，没有太阳，人都活不了，谁去做鞋？

---

① 教师课堂评价语言的特点，http://blog.sina.com.cn/s/blog_4baa67df01008mdb.html［EB/OL］2013-08-01。

（众笑）

师：啊，你一句话就从根本上否决了！很彻底。但能不能再从别的方面分析分析呢？我主要想看看你们会不会分析。

生：做鞋得用针，针是钢铁的，没有太阳就没有钢铁，也就不会有鞋。

师："没有太阳就没有钢铁"，这句话需要研究，地球里的铁矿可不像煤炭一样，铁是一种基本元素，原来就有的。

生：那炼钢炼铁也需要煤炭，煤炭就和太阳有关了，不能炼钢就不会有绣花针了。（鼓掌）

生：还有，做鞋要用浆糊，浆糊是面做的，面是小麦做的，小麦是植物，植物是靠太阳生长的，所以没有太阳就不能做绣花鞋。（众笑）

师：好好，逻辑性非常强，一步跟一步，一环套一环，真有点天衣无缝了。

生：还有一点最简单的，做鞋需要用眼看着，没有太阳，一片黑暗，怎么做鞋？（众笑）

师：我晚上在电灯底下做。（众笑）

生：还是那个理由，没有太阳一片黑暗，什么也看不见，什么也不能做，当然发电机和电灯所用的一切东西都不能做。

师：大家说得非常好，很会分析问题。其实，没有太阳，就没有我，也没有你们，我们都没有了，还讨论什么绣花鞋？（众笑）

在这个教学片段中，支老师通过提出"绣花鞋与太阳有什么关系"这一问题，然后运用幽默生动的评价语言，因势利导，不仅灵活地引导学生乐滋滋地探求太阳的作用，而且一步一步、层层深入地训练着学生的思维能力。

4. 课堂提问应注意的事项

进行课堂提问，涉及一系列问题，如"问什么"、"问谁"、"怎么问"、"什么时候问"等。可以说，课堂提问不仅是一门科学，更是一门艺术。课堂提问，需要注意以下几方面的问题：

（1）科学设计问题

课堂提问的效果如何，问题的质量是关键。教师在提问前，要对问题进行合理的设计。一般来说，设计问题应考虑以下几个因素：

第一是问题要正确。问题本身是否正确，是确保问题质量的首要因素。如果提的问题本身就是错误的,包括认知上的错误和思想上的错误,不但不能检测学生学习情况,还可能把学生引入知识和道德上的歧途。

第二是问题要难易适中。如果问题太容易,根本不需学生思考,不能激发学生动脑思考,不利于调动学生的积极性。如果问题太难,学生无从思考,容易使学生丧失学习的积极性。教师要把握好问题的难易度,把难度控制在学生的"最近发展区",让学生在已有基础上,通过认真思考能够解决。

第三是问题要清晰。教师问的问题本身要明确、具体,而不要含糊笼统。此外,教师提问时语言也要简洁、明了、准确,应该与学生的年龄、认知水平相符合。而忌用晦涩、拗口或玄乎的语言,影响学生对问题的理解。教师在设计不同认知水平的问题时,可以选用不同的动词,如知识性问题可以用描述、回忆等动词;理解性问题可以用解释、概括、举例等动词等等。例如,一位教师举着一张中国地图,并问学生:"你们发现了什么?"教师的本意是让学生观察中国版图的形象,结果是学生一脸茫然、面面相觑,如果教师将问题设置为"观察中国版图,想象一下它像什么?"相信学生很快就能找到问题的答案。

【案例】[①]

　　某数学老师一次上课出了这样一道题:某人从家到工厂,骑自行车的速度和所需的时间成什么比例? 教师期待的正确答案是:成反比例。然而一位同学的回答却出乎意料。他认为不一定成反比,理由是这样的:从家到工厂可以有很多条路走,如果走一条弯路,即使自行车的速度很快,也会花很长时间。如果抄近路,即使速度比走弯路慢,所用时间也可能比走弯路短。

　　显然,学生之所以得出这个结论,是由于教师没有对该问题的前提条件作出明确的说明。从学生的回答来看,学生的思维方式不但没有错误,而且值得鼓励。如果教师能对问题的前提条件作出更清晰、更严谨的说明,相信学生能够给出教师比较期望的正确结论。

第四是问题的启发性。课堂提问要力求巧妙,力求新颖,能够引人入胜,发人深思,给人启发。假如教师只是简单、随意地发问"是不是"、"对不对"、"行不行"、"好不

---

① 吴欣歆:《课堂评价的语言艺术》,《语文建设》,2005 年第 3 期。

好"，学生只能回答"是"或"不是"、"对"或"不对"、"行"或"不行"、"好"或"不好"。从表面上看，这样的课堂提问活跃了课堂气氛，但许多学生并没有认真思考，只是一味地随声附和。如此肤浅的提问不仅不利于调动学生学习的主动性，激发学生的创造性，也不利于培养学生的思维能力，而且也无从了解学生的学习水平。

【案例】

　　一教师在教学《故乡》最后一段："希望是本无所谓有，无所谓无的。这正如地上的路，其实地上本没有路，走的人多了，也便成了路"时，为了帮助学生理解、掌握课文的关键段落，给学生提了三个问题：1.鲁迅先生所指的"路"，只是简单的地上路吗？（当然不是，这路还包含人生之路、社会之路。）2."路"和"希望"之间有何联系呢？（路是靠人走出来的，希望也是靠人奋斗来的。）3.这句话的深刻含义是什么呢？（希望本来是没有的，只要为之奋斗，便有了希望。）

案例中，教师设计的三个问题层层递进、环环相扣、个个激疑、令人深思。通过对三个问题的思考和理解，相信学生定能掌握最后一段话的深刻含义。

第五是问题的开放性。开放性的问题可以拓展学生的思路，激发学生的学习欲望，培养学生的发散思维和创新能力。相反，封闭性的，拘囿于书本知识的问题或者"非对即错"式的问题只能使学生拘泥于书本知识、书本答案，不利于学生的整体发展。如一数学教师在课堂上提了这样一个问题："一个正方体，剪掉一个角，剩余部分还有几个角？"这个问题寥寥几字看似简单，却会引发不同层次的思维方式，不同的学生通过截面的不同位置可以得出不同的答案。再如，一位教师在教学《田忌赛马》一文时，设计了一个可以使学生从多方面去思考的问题："读完这篇文章，大家都知道田忌转败为胜，那么其胜利的原因是什么？你们还可以有其他的方法帮助田忌胜出比赛吗？"抛出这样的问题，学生们思考的空间就很大了。

第六是问题的实效性。并不是所有的问题都能启发学生的思维，都能检测学生的学习情况。课堂提问必须考虑问题的实效性，问题从形式到内容都要精心设计，保证问题紧紧围绕课堂教学中心，为课堂教学服务，力戒为提问而提问，走形式主义或故意课堂作秀。

（2）选好提问对象

由于学生之间存在各种各样的差异,任何一个问题并不适合所有的学生回答。比较容易的问题,让学习基础比较好的学生来回答,既激发不了他的积极性,教师也不易发现教学中存在的问题,而难度较大的问题,让学习基础很差的学生来回答,既可能打击学生的自信,同样无法获得有效的教学反馈信息。教师提问时要根据问题的难易度和学生的个别差异,选好提问的对象,实施分层提问。

(3)把握提问时机

课堂提问的时机是不固定的,什么时候提问,教师要根据实际情况决定。一般来说,提问要及时,以便及时解决疑惑,化解难点,使课堂教学顺利进行。但提问及时并不是鼓励教师一上来就暴风骤雨式地向学生发问。提问前,教师还要设置一定的问题情境,使学生在一定的问题情境中进行思考,如果问题情境不到位,学生会感到问题来得太突然,缺乏思维目标。同时,教师也不能等到结论全部出来了再提问,那样的话,学生无需思考即可回答,以致学生的独立思维能力难以得到发展。因此,教师要根据教学进度和学生的心理状态,适时进行提问。

【案例】①

在讲《第一场雪》一课时,支老师并没有像以往一样,一开始就向学生介绍课文的写作背景。直到最后,支老师才向学生提问:一场雪固然可以为人们带来欢乐,但作者为什么怀着这么深沉而强烈的激情来赞叹这一场雪?当学生思考、讨论后仍然不能作出圆满的答案时,教师才向学生讲述了文章的写作背景,使他们明白:经过三年困难时期,到1962年,这一场雪,不仅是气象上的"第一场",也是我们国家重新走向富裕繁荣的第一个信号。因此课题特意点明"第一场"。这里不仅画龙点睛地释破题意,而且深化了文章主题。

案例中支老师的提问就问在了最佳的时机:(1)教学进程的最后时刻,学生有了理解课文的基础,对作者的情感也有了相当体会。(2)学生不能作答,发现了知识的空缺,求知欲极为旺盛。如果按一般常规,讲课伊始先做背景介绍,就不会收到"不愤不启,不悱不发"的效果。

---

① 肖茜:《课堂教学提问设计的反思》,《小学语文教学》,2009年第8期。

（4）给学生适当思考时间

学生对教师提出的问题，总有一个思考的过程，因此，从问题提出到点名让学生回答应有一个适当的停顿，给学生适当的思考时间。至于停顿的长短，一般可根据问题的难易和学生的反应情况而定。如果留的时间太短，学生对问题没有思考好，既影响回答质量，伤及学生自信，还可能浪费上课时间。如果留的时间太长，学生可能跑神或趁机做与上课无关的其他活动。

（5）注重追问

对于教师的提问，如果学生提供的答案不够深入、全面和规范，此时，教师不必也不能直接告诉学生正确答案，而应该利用追问使学生的思考更全面、深入。追问往往由两个或两个以上由表及里、由浅入深、由易到难、由此及彼的连续性问题组成，追问能够使学生避免对问题仅作表面回答，能够帮助学生挖掘隐含的知识点，建立新旧知识的联系，拓展学生的思维，促使学生举一反三、触类旁通。同时，追问还能使教师了解学生的思维过程，帮助教师诊断学生的学习困难，起到查漏补缺的作用，以采取针对性的补救措施。

【案例】① **我最佩服白骨精**

师：请同学们仔细读读课文，要读出个性，读出自己独特的感受。

师：你佩服谁？

生：老师，我最佩服白骨精。

师：（惊讶地）为什么会佩服白骨精呢？

生：因为白骨精两次骗唐僧，骗不到，可是她不灰心，这种坚持到底永不放弃的精神，我十分佩服。

师：白骨精为什么要三骗唐僧呀？

生：想吃唐僧肉。

师：那是干坏事呢，还是干好事？

生：干坏事！

师：干坏事不泄气，坏事不就越干越多了吗？（众生笑）现在你还佩服她吗？（学生这才认识到自己的理解原来是不对的）

---

① 李冲锋：《课堂教学应变：案例与指导》，《教育科学出版社》2010年版，第30—31页。

案例中学生的答案表明该生的价值观出现了一定的偏差,教师虽然对此非常担心和惊讶,但并没有对该生进行批评和呵斥,而是通过追问、引导,使学生意识到了自己的错误。

【案例】①

下面是著名特级教师李庚南的示范课"平行四边形"的一个片段:

经历简短情境导入后,李老师引导学生归纳平行四边形定义。

学生 1:四条边平行且相等的四边形是平行四边形。

教师:你可能知道平行四边形定义的意思,但表达不是很准确! 大家想想,这里需要说四条边吗? 这些边怎样称呼更准确?

学生 2:对边平行且相等的四边形是平行四边形。

教师:几组?

学生 2:两组对边分别平行且相等的四边形是平行四边形。

教师:事实上,两组对边分别平行的四边形就是平行四边形了,对边相等同学们已经发现,一会儿我们会进行证明。再请几位同学简洁地表达一下。

学生 3:有两组对边分别平行的四边形叫做平行四边形。

教师(环顾教室,找了两个胆怯、低着头的学生):请你再复述一遍。

学生 4:有两组对边分别平行的四边形叫做平行四边形。

学生 5:有两组对边分别平行的四边形叫做平行四边形。

案例中,对于平行四边形这个基本概念,李老师并没有反复讲解,而是通过不断适时追问让学生自己去掌握。学生 1 回答之后,李老师在给予适当肯定之后,针对其理解上的不足,适时提醒、追问。之后,又针对学生 2 回答中存在的不足和漏洞,接着追问,直至学生 3 给出完全准确的定义。到此,李老师并没有停止追问,而是又让两个学生复述概念。虽然停留复述概念花的时间不多,但对于学生理解概念能起到非常好的效果。

(6)兼顾各类问题

每一种类型、层次的问题对促进学生的发展都有不同的功能,在提问时,教师应兼

---

① 陈伟:《追问,提高数学课堂提问的有效性》,《语数外学习》,2013 年第 6 期。

顾各种类型、不同层次的问题,不宜偏重某类问题。尽可能在开放性问题和封闭性问题之间保持平衡,在记忆性问题、理解性问题、应用性问题、分析性问题、综合性问题和评价性问题之间保持平衡,以检测学生各方面的发展水平,促进学生全面发展。

(7) 科学评价,重在鼓励

学生回答问题时,教师要认真、耐心倾听学生的答案,对于正确的答案,教师要给予肯定。对于存在错误或偏差的答案,教师不能一口否定或断然呵斥,而应委婉、机智地指出学生存在的不足,并引导学生深入思考。切忌对答错的同学白眼相待、讽刺挖苦,也不能无原则地赞美,而应根据学生的不同情况指明努力的方向,鼓励学生取得更大进步。

【案例】[①] **老师,我什么也没有看到**

下面是三个教师的三个教学片段:

片段一:一教师在执教《海底世界》一课。在初读课文后,教师让学生闭眼想象海底的景象。一番动情的解说之后,教师让学生说说看到了什么。全班学生面面相觑,一学生说:"老师,我什么也没有看见。"老师一时不知如何应对,就说:"那是你没有用心去看。"

片段二:一教师在执教《翠鸟》一课。课伊始,教师动情地说:"同学们,现在让我们悄悄地走进一片芦苇地,去看看可爱的小翠鸟……"在优美的音乐声中教师闭目想象。然后,教师让学生说说看到的翠鸟是什么样。学生大多说得特别精彩,一个男孩说:"老师,我怎么什么也看不到!"老师不以为然地说道:"你自己找找原因。为什么大家都看到了,就你看不到呢?"这个孩子红着脸,一脸茫然。

片段三:一教师在执教《台湾的蝴蝶谷》一课。在美妙的音乐声中,这位教师引读:"……有的山谷有种蝴蝶,上下翻飞,五彩缤纷,就像谁在空中撒了一把五颜六色的花瓣,随风飘来,又随风飘去……"读完了,教师问:"小朋友,读着读着,你仿佛看到了什么呢?"有几个学生陆续举起手来,有的说看到了

---

① 甄吉平:《老师,我什么也没有看到……》,《小学语文教学》,2010 年第 4 期,有改动。

好多美丽的蝴蝶翩翩起舞,有的说看到了蝴蝶在身边飞来飞去。教师都给予了适当的评价:"你们真会读书,能够一边读一边想,还把自己和蝴蝶想到一块去啦! 真不简单!"这时,一个学生却慢吞吞地说:"我什么也没有看到"。老师没有批评学生,而是很认真地说:"哦,你很诚实。老师第一遍读课文的时候,也是什么也没看到,后来我一边读一边想——读到'上下翻飞'的时候,我就想到这些蝴蝶的翅膀一会儿飞得高,一会儿飞得低,真有趣;读到'五彩缤纷'的时候,我就想到这些蝴蝶颜色有红的,有黄的,还有许多其他种颜色呢,真漂亮。现在你也来一边读一边想,试试看,你的眼前也会出现一幅美丽画面的!"于是,学生再次读书,然后告诉大家他看到了蝴蝶翩翩起舞。

以上三个教例中,教师都设计了听读想象训练,这是培养学生想象能力的有效方法,也是良好的读书习惯。但是,由于学生个体的差异,一部分学生没有走进课文,不会从中捕捉有用的信息,这是导致学生"什么也看不见"的主要原因。客观来说,学生"什么也看不见"是很正常的。但三个教师对学生的"什么也看不见"却给予了不同的评价,采取了不同的措施。教例一和教例二中教师的做法可能最终使学生不但"什么也看不见",而且可能"什么也听不见"——拒绝或不再专心听老师讲课。与前两个教例中教师不同的是,教例三中,教师不但把读书方法的指导暗含在表扬和激励中,而且评价的语言也丰富多样。特别是当最后一位小朋友说什么也没有看到的时候,该教师并没有批评、指责和质疑他,而是表现得深有同感,说自己第一次读书的时候也是什么也没有看到,让学生一下子就消除了陌生感和紧张感,并感受到了继续努力的勇气和信心。面对同样的问题,教师不同的评价方式,取得了不同的教学效果。由此可见,教师科学评价学生的重要意义。

（8）做好归纳小结

提问基本结束时,教师要及时归纳和小结,对于提问过程中学生一些不正确的认识,教师要注意及时纠正,并反思出现这些问题的原因。

【案例】

下面是《变色龙》课堂提问的一个片段:

师:奥楚蔑洛夫的基本性格是什么?

生：善变。

师：非常好，那么善变的明显特点是什么？

生：一是变得快，一瞬间对狗的态度变了五次；二是变得蠢，愚蠢的理由和荒唐的逻辑。

师：回答正确。奥楚蔑洛夫"善变"，但万变不离其宗，这"宗"是什么呢？

生：见风使舵，趋炎附势，媚上欺下的奴才本质。

师：嗯，奥楚蔑洛夫一时一个样，那么是什么因素促使"变色龙"一变再变？

生：左右奥楚蔑洛夫反复无常的因素是将军的威势。

师：作者为什么要塑造"变色龙"这一形象？

生：作者是为了批判那些畏惧权威一时多变的人，为了突出一种社会的病态现状，抨击沙皇的统治。

师：是的，作者讽刺的锋芒指向一般灵魂卑劣的"变色龙"，也是指向造成这种社会病态的根源——沙皇专制的反动统治。

上述案例中，在设计问题时，教师遵循循序渐进的原则，有层次地一步步引出作者写作的重点——作者为什么要塑造"变色龙"这一形象。问题由浅入深，由易到难，由表及里，逐步提高了问题的难度，有利于培养学生的逻辑思维能力。

在提问的时候，教师选择面向全体学生发问，同时在学生回答后，都给予一定的肯定，提高了学生的积极性，让学生更乐于思考、回答问题。

待答技巧上，教师每次都有耐性地等到学生回答出问题，并引导出他们的正确答案后才继续发问，给予了学生充足的时间和空间去发现问题，找准答案。

面对这篇课文，若教师直接提出关键问题——作者为什么要塑造"变色龙"这一形象，可能会有很多学生不知所以。但是，这里，教师从简单的问题开始提出，慢慢引导学生找出准确答案，利用导答的技能，缩小了思考的范围，指明了思考的方向，将较难的问题简单化。

在提问的最后，教师使用了结问的技能，对学生的回答作出了肯定的评价，总结学生的回答，对文章主题作出了归纳。

(二) 课堂观察

学生在学校的大部分时间是在课堂度过,学生的学习态度、学习兴趣、学习方法、思维品质、行为习惯等也在课堂中展现。教师可以通过学生在课堂学习中的行为表现,来判断学生的学习状态、思维品质等。因而,课堂观察就成为教师日常生活中了解学生的主要手段。

1. 课堂观察的含义

课堂观察是评价者通过感官或运用一定的技术手段(借用一定的辅助工具,如观察表、录音录像设备),在一定的时间内有目的、有计划地考察和描述评价对象在课堂中的认知、情感和行为,并对观察到的现象进行分析,对评价对象作出价值判断的过程。课堂观察是教师获取教学反馈的重要渠道,也是教师调整管理措施、实施有效管理的前提条件。

教育教学中的观察不同于日常观察,纯粹的日常观察所得的印象笼统、含糊或流于主观臆断。而课堂观察是观察者在一定目的的指引下,借助一定的观察工具,进行的一种有计划的教育教学活动。它是在日常观察的基础上发展起来的一种特殊的技术。通过课堂观察评价学生,需要教师具备一定的专业素养。

2. 课堂观察的类型

根据不同的维度来划分,课堂观察可分为不同的类型。

(1)根据观察者和被观察者之间有无中介,可以分为直接观察和间接观察

直接观察指观察者不利用任何外在手段,直接利用自己感官对被观察者行为进行的观察;间接观察指观察者通过借用一些手段或仪器,如通过课堂教学监控录像、录音等对被观察者进行的观察。

(2)根据观察时间的长短,可以分为长期观察和短期观察

长期观察和短期观察在时间的长短上,是相对而言的。长期观察既可以是半学期,也可以是一学期,而短期观察则可以是几天、一周等。

(3)根据观察是否具有连续性,可以分为一次性观察和跟踪观察

一次性观察,顾名思义就是指对观察对象进行一次的观察,观察没有连续性;跟踪观察则指长时间地对观察对象进行连续性的观察。

(4)根据观察内容的多少,可以分为全局观察和局部观察

全局观察就是对被观察者整体情况进行全面的观察，其目的是为了把握被观察者的总体情况；局部观察指的是仅仅对被观察者的某一方面进行观察，以了解被观察者某一方面的情况。

（5）根据观察者是否参与被观察的活动，可以分为参与观察和非参与观察

参与观察是指观察者直接与被观察者发生联系，完全或部分参与他们的活动，既是活动的参与者，又是观察者，以一名普通参加者的角色对集体中某一成员或整个集体的行为进行观察。参与观察的优点是可以近距离地接触被观察者，有利于深入了解被观察者，但是参与观察也存在一定的弊端，当观察者开始介入到一个比较稳定的集体当中时，尤其人数不太多的集体，容易使集体中的其他成员产生一种戒备心理，甚至采取一定的防范措施，不暴露自己的真实行为，这样，观察者很难了解到被观察者的真实信息。因此，在参与性观察中，观察者应该采取十分小心谨慎的态度，凡事采取中立的态度，遵循多看、多听、少说的原则。

非参与观察是指观察者不参与被观察者的任何活动，他们只是以局外人的身份观察正在进行的活动，不提出任何问题，避免对观察对象和活动过程产生影响或干扰，只是记录事件发生的过程。

（6）根据观察情境的真实性，可以分为自然观察和情境观察

自然观察是指在自然的、真实的、没有任何人为因素在内的环境当中进行的观察，如在日常课堂上对学生进行的观察，就是一种自然观察，观察到的完全是学生在真实情境中的自然表现；情境观察也叫实验观察，就是观察者有意识地把学生放到预先设计、安排好的环境中，来观察学生行为表现的一种方法。这种观察方法的目的十分明确，就是观察者有意识观察全体、部分甚至个别学生在某一方面的具体表现。例如，观察者可以事先在教室中乱放一些废纸杂物，来观察学生进教室后的不同反应和表现，借此来折射出学生对这件事的态度及处理方法。

3. 课堂观察的主要内容

课堂是学生生活和学习的重要场所，学生的一大半时间都是在课堂中度过的，课堂中学生的行为不仅能反映学生的学习状况，而且能提供许多其他信息。课堂观察的内容不应仅仅局限于学生的学习性行为，还应关注学生的其他非学习性行为，如衣着打扮、上课所携带的物品、上课时的精神面貌、课桌上所摆放的东西、课外读物等，学生的这些非学习性行为都可以透露出学生学习和生活中的一些迹象，反映出学生的学习品质、生活习惯和生活追求，以使教师从中全面了解学生的学习和生活，及时发现学生

学习和生活中存在的问题。

虽说课堂观察内容不能仅仅局限于学生的学习行为,但是,学生在课堂上的学习行为始终应是课堂观察的主要内容。具体而言,课堂观察的主要内容应涵盖学生的认知能力、学习态度及注意力状况、情绪表现和人际交往等几方面。

(1)观察学生的认知能力。在这方面要着重观察了解学生理解知识的能力,语言表达是否连贯流畅、回答问题的速度和准确性、独立分析问题的能力、能否跟上教师的思路、完成作业是否有困难,等等。

(2)观察学生的学习态度。在这方面,可以通过观察学生在课堂中举手发言的次数、作业完成情况以及听课的专注程度等来判断学生的学习态度是否积极,注意力是否集中,这些信息对教师调控课堂十分有用。

(3)观察学生的情绪表现和人际交往。这方面着重观察学生在回答问题或到黑板前做练习时是否胆怯、恐惧,对学习活动是否焦虑或不耐烦,与同学能否融洽相处、相互合作,有无挑衅或攻击性行为,有无退缩、冷漠的行为表现等。

通过以上几方面的重点观察,教师就可以大致对教学的难易程度、教学速度是否适当作出判断,同时对学生的课堂行为表现做到心中有数。据此来调整教学活动,采取相应措施,以取得好的教学效果。

4. 课堂观察的方法

课堂观察有两类方法,定性方法和定量方法。定性方法是指观察者依据观察纲要,在课堂上对观察对象做详实的多方面的描述性和评价性的记录,并在观察后根据回忆加以追溯性的补充和完善。定量方法是指运用一套定量的、结构化的记录方式(工具表)进行观察,既可以采用"笔录",也可以运用录音录像和电脑软件进行分析。

下面就课堂观察常用的记录方法作一下简单介绍。

(1)分类系统式记录

分类系统式记录是将要观察的内容分为不同的项目,分别进行观察和记录。借助于这种方式进行的记录,可以为观察者提供较为详尽的某一方面或几方面的定性信息。这种方法在西方的课堂观察中运用较为普遍,在我国中小学运用得还比较少。在运用分类系统式记录进行观察时,可以从观察目的出发,自行设计一些简单的分类,如下表:

表 3 – 1 学生课堂行为观察表①

学生姓名_____

项目	观察目标	好	较好	一般	再努力
学生的学习情感与态度	1. 对数学有学习的愿望、兴趣和自信心				
	2. 有认真学习的态度和勤奋刻苦的精神				
	3. 能努力克服数学活动中遇到的困难				
	4. 有良好的学习习惯				
学生的参与状态	5. 认真积极地全程参与学习				
	6. 听课认真,倾听能全神贯注,注意力集中				
	7. 积极投入思考并踊跃发言,提出问题并询问				
	8. 认真完成课堂练习及作业				
学生的合作交往状态	9. 积极参与讨论与交流,认真倾听别人的观点				
	10. 接受别人的意见和建议,积极表达自己的见解				
	11. 能解决交往中发生的分歧				
	12. 能综合运用各种交流和沟通的方法进行合作				
	13. 有合作意识和团队意识				
学生的思维状态	14. 思维敏捷,观察、思考有条理,语言流畅				
	15. 有独立思考能力、质疑探究能力和想象能力				
	16. 发表的观点具有创新性、挑战性、独特性				
	17. 有一定的推理、判断、归纳和迁移能力				
学生解决问题时的生成状态	18. 解决问题的过程清楚,有计划				
	19. 善于用不同的方法解决数学问题				
	20. 运用多学科知识解决数学问题				
	21. 把学到的数学知识与生活联系				

（2）运用代码记录

运用代码记录即把要观察的行为以一个符号或数字来代替,以提高记录的速度和准确性。

---

① 高枝国:《小学数学考试与期末综合素质评价的探索与实施》,《黑龙江教育》,2004 年第 11 期。

【案例】①

假如要记录学生没有参与课堂活动的情况,可以用下列代码表示没有参与课堂活动的具体行为:

① 与任务无关的闲聊

② 乱涂乱画

③ 做白日梦

④ 思想开小差

⑤ 做其他功课

⑥ 用动作打扰别人

⑦ 试图吸引别人的注意力

⑧ 削铅笔、移动、上卫生间

⑨ 其他

有了这些代码,就可以用来表示学生没有参与课堂活动的具体情况。记录可以每隔 2 分钟进行一次,观察到学生没有参与课堂活动的行为,就填一个相应的代码在空格里。下表是霍普金斯提供的一个记录例子。

表 3-2　学生没有参与课堂活动记录表

学生	扫视										
	1	2	3	4	5	6	7	8	9	10	%
Jeroen	③	④				③		⑧			40
Jessica	②	②		③	③		④	②	③	②	80
Marloes	⑥	⑦			⑥	⑥		⑦			40
David		⑤	⑤			⑤	⑤		⑤		50
Dylan	①	①	①	⑧				⑧	①		70

（3）检核表

检核表是一组列出表现或成果的测量向度,记录"是"或"否"的资料表。制订时要

① 资料来源:David Hopkins. *A Teacher's Guide to Classroom Research*. Open University Press,1993. p. 106。转引自林存华编:《听课的变革》,教育科学出版社 2007 年版,第 84 页,有改动。

按顺序列出评定内容,观察者逐一核对每个被观察者的表现是否出现,如果观察的行为出现,在表的空格中打个"√"号,作为评定记录。如果观察的表现行为未曾出现,则不需要作任何记录。检核表是把评价的注意力引导到所要观察的项目上。

【案例】①

美国学者拉格(E.C. Wragg)设计了一个观察表(见下表),用来观察课堂中学生不当行为的发生情况。观察者每 1.5 分钟内针对目标学生做一次记录,表中每一列代表 1.5 分钟。根据表中的记录,可见第一个 1.5 分钟内学生发生了 4 种不当行为。

表 3-3 学生不当行为观察表

不当行为的类型	时 间				
	1	2	3	4	5
吵闹或违纪说话	√				
不适宜的运动	√				
不适宜地使用材料					
损坏学习材料或设备					
不经允许拿别人的东西	√				
动作侵扰其他同学					
违抗教师					
拒绝活动	√				

"课堂观察检核表"是对学生日常课堂学习行为的观察记录,可以由教师记录,也可以通过学习小组进行阶段记录,为教师全面评价学生提供信息。检核表可以向教师提供有关学生行为的诊断信息,让教师明了学生有哪些行为或习惯需要改进,积累一段时间的检核表资料,可以看出学生学习进步的情形。

检核表的评价结果很难以一个总分来表示,如果要进行量化,并以一个客观的总分来表示时,一种做法是教师必须先计算检核表中打"√"的记号数量,再除以全部的

---

① 资料来源:E. C. Wragg. *An Introduction to Classroom Observation*. 1994,p. 49。转引自陈瑶:《课堂观察指导》,教育科学出版社 2002 年版,第 48 页。

评价项目数,以得到的百分比值来判断学生的学习状态。另一种做法是教师要事先确定评定学生表现行为的标准:如评定结果达到 10—12 项表现标准,为"优秀";评定结果达到 7—9 项表现标准,为"良好";评定结果达到 4—6 项表现标准,为"一般";评定结果达到 1—3 项表现标准,为"不合格"。

（4）评定量表

评定量表类似检核表,是用来作为判断过程和成果的一种评价工具,它们的主要差异是,检核表仅仅提供"是"或"否"的二分法判断,而评定量表不仅提供简单的"是"或"否"的二分法判断,而且提供评定某个表现的频率、表现行为的特质。

评定量表根据所使用的目的和量尺类型的不同,可以分成数字型评定量表和描述型评定量表两类:

数字型评定量表是将学生某种行为出现的频率用数字来代替,如:

表 3－4　学生参加课堂讨论的数字型评定量表

说明:根据学生课堂讨论时表现的行为特质程度选择适当的数字 1 = 从未,2 = 很少,3 = 偶尔,4 = 总是			
能积极主动参加课堂讨论	1	2	3	4
对别人的观点能作出及时反应	1	2	3	4
能提出与众不同的观点、见解	1	2	3	4

对数字型评定量表评定结果的处理,最简单的做法是将评定量表评定的数字直接加起来,得一总分,再除以评定量表的评分总数(例如:每题有四个评分项目,最高评 4 分,一共 10 道题目,则量表的评分总数是 $4 \times 10 = 40$ 分)得一个百分比值,即可作为评定结果的量化指标。

描述型评定量表是使用简短的描述性语句来评定学生实际表现水准的一种评价工具。如对学生记笔记的行为可以用"经常"、"偶尔"、"很少"、"从不"几个词语来进行描述和记录。描述格式观察量表可以设计如下:

表 3－5　描述型评定量表

班级　　　　　　学生姓名　　　　　　日期 行为描述: 分析说明: 　　　　　　　　　　　观察者

（5）轶事记录

轶事在这里指的是学生在日常学习生活中不被一般人所重视，但却有重大意义的小事或细节。轶事记录就是针对有意义的偶发重要事件，进行扼要的事实说明和描述的记录。

由于轶事在日常教学中是不断演绎与变化的，要从如此多的信息中敏锐地捕捉到对某位学生有特殊意义的细节，有一定的难度。但如果教师能从细心观察中得到一些反映学生发展状况的"独到"的细节，并把它作为评价学生学习表现的佐证，那将能有效提高评价的效度。

一个好的轶事记录应该保持对事实的客观描述，而不是对行为含义的解释。从某种意义上说，轶事记录有助于向学生提供关于改进学习的建议，不过，这些建议要在积累了几个轶事记录后再提出。

【案例】

因为是公开课，看到许多教师来听课，小勇坐姿端正，教师布置的初读古诗，小勇都能认真完成，但不举手。接下来的环节，教师播放了课件，最后课件定格为静态画面：一叶小舟上，坐着两个可爱的孩子，他们身旁放着撑船的竹篙、船桨，两人中间还放着一把撑开的小伞。教师要求学生以合作小组的形式，用自己的话描绘"看到的画面"。组内其他同学讨论非常热烈，争先恐后地说着画面内容，而小勇只是一个人静静地在本子上写着什么，或者是听其他同学说，不发表任何意见，其他同学似乎已经很习惯地把他排除在外了。当教师再提问"诗中的孩童给你们留下什么印象"时，曾多次用眼神示意小勇举手，但小勇还是没有举手。教师看见小勇犹豫不决，就安排同桌同学先相互说一说。小勇也能说出"天真"、"可爱"的词语，只是声音很小，还不时看看老师。教师鼓励小勇大胆站起来回答，小勇慢慢站起来轻轻地说出了"天真"这个词，教师随即大大肯定了小勇的回答。教师又问："同学们，你们平时用雨伞除了遮雨之外，还干什么呢？"课堂气氛顿时活跃，小勇也在下面和同学们一起嚷道："遮阳、当降落伞、当飞枪、当三节棍……"教师提示："哦，原来你们也跟诗中的小朋友一样不拿雨伞当雨伞的呀！"这时教师发现小勇的神情明显地放松了很多。当教师要求大家把自己想象成诗中的两个小渔童读诗句时，小勇也能与其他同学一起比较流利地朗读。当让小勇一个人读时，他虽然无法做到非常连贯,但是能够比较轻松地站起来朗读诗句。

案例中听课教师对小勇的课堂行为表现进行了重点观察,并以轶事记录的方式进行了记录。从记录的小勇的课堂表现可以看出,在小组活动交往中,他常常扮演配角的角色。造成其上述学习行为的主要原因可能有:一是一直以来学习基础差,口语表达能力又相对较弱,造成回答问题缺乏自信,不敢大胆发言;二是由于受自身学习能力的限制,不能很好地领会课文(或应用题)的主要内容,又不善于通过提问等方式获取信息。据此,听课教师和执教教师可以一起制订改进小勇学习行为的措施,如在课堂上多鼓励小勇,加强他的口头表达能力的训练,允许其在全班发言时"照本宣科"等。

5. 课堂观察的实施步骤

一般说来,课堂观察主要包括四个步骤:观察前的准备、观察资料的获取、观察资料的分析整理以及撰写观察报告。

(1)做好观察前的准备

做好观察前的准备是有效进行观察,顺利实现观察目的的必要保证。观察的准备有时又称作观察设计,具体来说,观察前的准备工作又可以分为以下几个具体的环节。

① 确定观察目标

教师对学生行为的观察是一种专业观察。为使观察更加系统和全面,教师必须在观察前就有一定的目标,并拟定行动方案,这样才不至于陷入为观察而观察的简单程式中。

观察目标的确定可以以新课程确立的学生发展目标为依据,也可以针对学生的问题行为展开观察。就课堂观察而言,应关注课堂教学中的"真实问题",如对学生学习的参与程度、课堂交往行为、课堂思维状态、课堂情绪状态等方面展开观察。

② 确定观察内容

观察目标确定的是要观察什么,而观察内容要确定的是从哪几方面进行观察,观察被观察者的哪些行为。如要观察学生的学习态度,可以通过观察学生在课堂中举手发言的次数、学习的速度、作业完成情况以及听课的专注程度等来判断学生的学习态度是否积极,注意力是否集中。

③ 确定观察指标

观察指标即把要观察的项目、内容进行要点分解。例如观察学生的课堂表现,可以将观察指标分解为:上课是否态度认真、是否积极主动、是否自信、是否能与人合作、思维的条理性和创造性等几个方面,如下表所示:

表 3 - 6　学生上课表现观察指标

项目	1	2	3	说明
是否认真(听讲、作业、讨论)				1＝认真,2＝一般,3＝不认真
是否积极(举手发言、提出问题并询问、讨论与交流、阅读课外读物)				1＝积极,2＝一般,3＝不积极
是否自信(提出和别人不同的问题、大胆尝试并表达自己的想法)				1＝经常,2＝一般,3＝很少
是否与人合作(听别人的意见、积极表达自己的意见)				1＝经常,2＝一般,3＝很少
思维是否具有条理性(能有条理表达自己的意见、解决问题的过程清楚、做事有计划)				1＝强,2＝一般,3＝不足
思维是否具有创造性(用不同的方法解决问题、独立思考)				1＝能,2＝一般,3＝很少
总　评				

④ 选择观察记录方法

做好观察记录是观察法的核心环节,做好观察记录必须借助一定的记录方法。每种记录方法都有自己的特点,观察者应根据评价需要灵活选用记录方法,也可同时运用两种或多种记录方法。

⑤ 分析观察环境

不同的环境可能会诱发学生不同的行为和表现,影响观察结果的客观性。观察者要对观察环境进行全面的分析,了解环境中的哪些因素可能会影响到观察结果,以提前给予改善或干预,或在分析观察结果时给予一定的考虑空间。

(2) 实施观察

在进行观察时,要做好几方面的工作:一是要根据所定的观察方法采用相应的观察策略,以求获得最佳效果;二是要充分利用记录表及评定量表,做好观察记录,尤其要善于设计和使用观察代码系统,即将要观察的内容用相应的符号系统代之,以提高观察时记录的速度,从而增强观察的准确性;三是要充分利用录音录像等工具,对观察对象进行实地全程记录;四是在观察进行过程中,观察者要仔细观察被观察者的一举一动,注意捕捉细节,在做好观察记录的同时,要善于从学生行为表象分析其实质含义,而不是泛泛记录一些表面现象。

（3）分析观察材料

观察活动结束,要对所观察到的材料进行整理,并进行全面、深入的分析,找出自己想要的东西。如果是采用量化方法进行分析,就要从观察所得的统计数字中,分析、总结学生学习行为的某些倾向及存在的问题;如果采用质性的描述法,必须在观察活动结束后,尽快将观察材料加以整理与建档,以避免时间过长导致观察情景淡漠及描述淡化的现象。在将观察资料进行综合整理与归纳之后,还要将之概念化,以便能从观察中发现值得进一步探讨的现象或问题。在对观察材料进行全面认真分析的基础上,要根据相关标准,对学生行为进行鉴定及对学生发展进行价值判断。

（4）写出观察报告

观察的结束,并不意味着学生评价的结束。对于观察结果,教师要写成书面报告,以便与学生进行交流,给家长以信息反馈,或为学校管理提供依据,同时也为教师进一步工作提供参考。

6. 课堂观察应注意的事项

（1）观察要有计划、有目的

观察要有目的、有计划地进行,而不是一时兴起,临时决定,随意安排,那样会影响观察的整体质量和评价的效度。比如,观察学生的学习态度,就要在一段时间里,围绕有关学习态度的主题去选取观察的内容,集中观察与学生学习有关的表现,因为学习态度是学生在长期的学习过程中表现出来的,而不是偶尔的一两次表现所能说明问题的。

（2）根据需要,灵活运用

观察的类型和形式很多,在实际应用中,要根据观察的内容、观察的目的、学校的办学条件、学生的特点和教师的实际情况灵活运用。

（3）遵循公正、客观的原则

观察一般是在学生不知情的境况下进行的,可以说,在观察中,学生是完全被动的。既没有和观察者进行交流、对话的机会,也没有对自己行为进行解释的权利。而且,有些行为表现只是一次性的、偶然的行为,但是却可能成为观察者作出评价时的重要依据。这就要求观察者对学生进行观察时,切忌凭学生一时表现就给学生妄下评语,而要尽可能地对学生进行全面、持续的观察,同时要尽量避免个人偏见或习惯的影响,确保对学生作出客观、公正的评价。

（4）综合运用多种观察形式

观察更多地是依靠观察者的感官在进行,由于感官自身存在的不可克服的局限,使观察范围、观察精准度都可能受到一定程度的限制,甚至有时会出现错觉。另外,在观察过程中观察者的主观态度也容易影响观察结果,如师生关系、教师对学生的已有印象等,都可能使教师在观察中出现一些主观上的倾向,有"先入为主"之嫌,严重者还可能产生"晕轮效应"。为了避免观察中出现主观、片面和表面现象,在观察过程中,观察者可以借助一些仪器设备,必要时还可以采取多种形式进行观察或进行反复观察、长期观察,以真正全面了解学生。

（5）要善于捕捉关键信息

一般情况下教师都是直接运用个体感官对学生进行观察,只有在有特殊需要的情况下才会借助特制工具辅助观察。在这种情况下,学生的行为都是不可逆的。如果教师错过了某些重要信息,就可能导致观察无效或失败。这就要求教师在观察过程中,一定要细心、敏感、警觉、明察秋毫,时刻关注被观察者的各种行为表现,注意突然的甚至是微小的变化。在观察的过程中,一向积极发言的学生为何突然沉默? 一个向来遵守学校纪律的学生为何屡屡迟到? 一位上课总是认真听讲的学生为何变得心神不定? 教师要善于捕捉诸如此类的关键信息,要抓住这些细微变化来明察学生的内心世界。

作为一种独立的评价方法,课堂观察具有客观、方便、灵活等优点,但同时课堂观察也具有效率低、观察结果带有主观色彩、易于表面化等缺点,这就要求教师在实践中要具备一定的专业素养,并根据实际情况灵活运用课堂观察。

（三）课堂测验

1. 课堂测验的含义

课堂测验也叫课堂小测验、随堂测验或当堂测验,指的是在课前或课后通过编制适量的测验题目对学生学业成就进行评价的方法。通过课堂测验,教师可以了解学生对课堂学习内容的掌握情况,以做到及时查漏补缺,并对教学策略进行调整。课堂测验不仅是教师了解学生学习状态的手段,更是一种促进学生学习的手段。

2. 课堂测验的特点

（1）灵活

相对于期末测验,课堂测验检测的问题和所用的时间都很少,因而比较灵活,便于操作。可以在上课开始进行,也可以穿插在教学过程之中;可以分发题签,也可以用大屏幕显示;可以口答,也可以笔试;可以个别抽测,也可以全班或部分检测;可以在同一时间内以多种形式交叉进行。

（2）检测面广

课堂测验既可以检测学生知识掌握情况,也可以检测学生知识应用水平,同时,从学生的实际表现,还可以了解学生的学习态度和学习习惯。

（3）针对性强

课堂测验所评价的内容相对比较集中和明确,其主要目的是检测学生当堂课的学习效果,针对性强。

（4）反馈及时

课堂测验的另一个特点是反馈及时。课堂检测主要是对学生当堂课的学习效果进行评价,是一种即时性评价,这有助于及时反馈学生的学习情况,也有助于教师及时发现教学中存在的问题,并迅速调整和改进教学。

3. 课堂测验设计需注意的问题

（1）测验题目要少而精

测验题目不能太泛,而要抓住教学内容的重点,紧紧围绕基础知识、基本概念的理解和掌握来设计。一般来说,1—2个题目比较合适。如果题目过多,所用时间势必就会过长,这样会直接影响新课的教学进程,甚至完不成当节课的教学任务。测验题目少,但要精,要尽可能覆盖所有应掌握的内容,以免给学生造成"这个知识点重要,那个知识点不重要"的错觉。

（2）测验题目难度要适中

测验题目难度要适中,如果题目过难,一是浪费时间,二是不利于学生思考,甚至会搅乱学生头脑中初步形成的知识体系,这样对于后面的教学是不利的。

（3）测验题型要灵活多样

小测验采取什么形式取决于课程的性质和内容。如一开始检查预习情况的测验与上课结束的检查就有区别,但无论是什么课的测验,都不要局限于一种题型,而要根据测验的具体目的采用不同的形式。

（4）合理处理测验与各教学环节的关系

是否进行课堂测验，如何进行课堂测验，要根据新授课课时的教学内容、容量、难易度来安排和设计，整体上要对教学过程和时间分配做好预测和安排，以保证教学顺利进行，避免前松后紧，完不成课时计划。

（5）处理好个别抽测和全班检测的关系

对个别同学进行抽测还是对全班同学进行检测，教师要根据具体情况而定。如果是课前检测，可以全班检测，以了解全班同学掌握知识的状况，同时促使所有同学都养成认真复习和预习的好习惯；如果是课后检测，则可以采取个别检测的方式，以了解不同层次的学生对当堂学习内容的掌握情况。

（6）做好反馈

对于测验结果，教师要及时给予反馈，以充分发挥评价的激励和导向作用，促进学生的学习。特别是对那些学习有困难的学生，更要注意这一点。

（四）课堂评价应注意的事项

1. 要将即时评价与延时评价相结合

即时评价是教师在学生活动后立即对学生的学习表现作出评价；延时评价是在学生活动后教师并不马上急于发表意见，而是引导学生进一步思考，等学生充分发表意见之后再作出评价。

即时评价可以给予学生及时的反馈，有助于学生及时调整自己的行为，而延时评价则为学生充分发表意见提供了空间。在教育教学实践中，教师要根据实际需要灵活运用即时评价和延时评价。如当学生思考回答已经很成熟时，可以使用即时评价，以结束一个教学段落。而当学生的思考还不够成熟，意见还不够充分的时候，教师可用延时评价，以给学生充分思考的时间和空间。运用即时评价还是延时评价，取决于具体的教育情境。

【案例】[①]《小站》教学片断

一次，有一位教师教学《小站》，要求学生回答"从哪里可以看出小站确实很小"的问题。很多学生举手想回答，其中一位学生首先获得了发言权，她

---

① 张国庆：《延时评价，还学生个性思考的空间》，《小学语文教学》，2000 年第 12 期。

说："一是这个小站只有慢车才停两三分钟,快车从来不停;二是这个小站只有一间小屋,一排木栅栏,三五个乘客。"这位教师一听,答案非常正确,情不自禁地说："啊,答得真好,你真聪明! 和老师想的居然一样。"教师原本以为这样一插,肯定会有更多的学生举手发言,哪知刚才举起的一只只小手一下子全不见了! 这位老师不知道自己到底错在哪里……其实,道理很简单,教师在课堂上过早地对学生的答案作出了终结性评价,扼杀了学生创新与发展思维的火花。试想,这个学生的答案真的是"非常正确"吗?

请看另一位教师教学《小站》一文的片断,提的是同一个问题。

生1:……(跟上面的学生回答基本一样)

师:嗯,这是你的答案,老师听得很清楚。让我们一起再听听其他同学的发言,好不好?(没有马上评价,只是向学生表明他正在认真听,更向其他同学发出一种心理暗示:你们还有什么更好的答案吗? 老师非常想听)

生2:我从"小站的两位工作人员正在商量着什么"这句话中看出"小站"的"小"。

师:噢,是吗? 我想同学们一定跟老师一样,很想听听你是怎样想的,能说说吗?(也没有马上作评价,只是引导发言者与其他同学一起进入更深层次的思考)

生2:如果这里是一个比较大的车站的话,就不会只有两个工作人员……

师:你能从工作人员的多少来推断车站的大小,是个好办法。其他同学还有什么更好的办法吗?(没有对答案对与错的评价,只是肯定了他的思考方法,更激励了其他同学思维的积极性)

生3:我从"小小的喷水池"知道是个"小站"。

生4:我从"蜜蜂嗡嗡地飞舞,使这个小站显得更加宁静"这句话中看出这里是个小站。

师:啊,这也能看出?(教师意想不到,但并没有作出评价,而是让学生继续说)

生4:如果这里是个"大站"的话,人肯定很多,那声音也会更大一些,就不会听到蜜蜂的"嗡嗡"声。所以从这里也能看出这个车站是个"小站"。

师：哈哈，你们真是越来越聪明了，还有吗？（对学生的创新思维给予鼓励，并不影响学生对问题答案的进一步思考）

生 5：我从"也没有电铃"也可以知道……

师：这么多的同学都谈了自己的想法，有的甚至是老师都没有想到的，你们可真了不起。那么这些答案到底对不对呢？你们先讨论一下……

案例中两个教师面对同一个问题，面对学生差不多相同的答案，却采取了不同的评价方式，得到了不同的结果。为什么第一个教师的即时评价失败了，而第二个教师的延时评价却取得了良好的效果。这并不能说明即时评价不好，而是说明第一个教师的即时评价运用得不恰当。一是他的评价来得太快，听到学生的答案就情不自禁地给予肯定；二是他的评价太高，太足。教师过早地对学生的回答给予终结性的评价，自然就扼制了其他学生创新与发散思维的火花。而第二位教师却智慧地运用了延时评价，给了学生一个自由思考的空间，让学生在和谐的气氛中驰骋想象，畅所欲言，相互启发，从而获得了更多、更美好的创新灵感，使个性思考得到充分的发展。但他也存在一些问题，就是一味地运用延时评价。当学生已经很充分地表明了各种理由之后，他可以作出或引导学生作出总结性评价了。但他却再次延时评价，让学生讨论，这就有点不合适了。

2. 明示评价与暗示评价相结合

明示评价指教师直截了当地对学生的学习作出评价；暗示评价是教师为了达到某种教学目的对学生实施的、委婉的、需要学生思考领悟才能明白的评价。明示评价直截了当，不需学生过多揣摩教师的意见，省时省力；暗示评价则可以起到启发学生思考、保护学生的自尊心、拉近师生之间的心理距离等作用。

【案例】[①] **现在已经是 8 点 70 分了**

一位教师在教学"带分数"，当他讲到把假分数 $\frac{13}{6}$ 化成 $2\frac{1}{6}$ 时，一名学生提出质疑："老师，把 $\frac{13}{6}$ 化成 $1\frac{7}{6}$，不也很好吗？"其他同学闻言，也疑惑地望着老师。课堂顿时静了下来，空气似乎一下子凝住了。只见老师对这位同学说："这个问题比较复杂，我们还是抓紧时间往下学吧，现在已经是 8 点 70 分

---

① 李冲锋：《课堂教学应变：案例与指导》，教育科学出版社 2010 年版，第 66—67 页。

了。"学生听后大笑起来,老师故作惊讶,又看了看表说:"没错呀,是8点70分。"同学们笑得更厉害了,听课的老师也不禁笑了起来。只见这位老师随即在黑板上写出 $1\frac{7}{6}$,并在下面画了个问号。同学们见此情景,笑容慢慢地消失了,教室里一片寂静。过了一会儿,那位质疑的学生和其他的学生一样开始慢慢地点头了,渐渐地笑容又回到了他们的脸上。此时,这位老师顺势指出,把带分数写成整数和真分数的形式比较合理。

案例中,教师并没有直接指出这位学生将 $\frac{13}{6}$ 化成 $1\frac{7}{6}$ 的做法是对还是错,而是凭借教学机智委婉指出了学生的错误,巧妙地拨正了学生的思维方向,既保护了学生学习的积极性,又引导学生进行了深入思考。

3. 言语评价与非言语评价相结合

言语评价是指以口头语言和书面语言为中介或工具进行的评价;非言语评价是指通过人的身体动作、面部表情等非言语形式进行的评价。非言语评价是一种无声评价,并始终伴随着言语评价,教师的一个手势、一个眼神、一次点头、一个微笑、一次默许等,都能给学生以某种信息。

课堂评价中,教师在进行言语评价时,也要注重发挥非言语评价的积极作用,如教师可用某种动作,如鼓掌、点头、轻拍学生肩膀等,或用某种表情,如凝神、皱眉、沉默等,表示赞赏或不赞赏,因为有研究表明:人类沟通的效果＝55%的面部表情和身体姿态＋38%的语调＋7%的词汇。可见,非言语评价在评价中起着非常重要的作用,甚至比通过言语表达的信息更为重要。

【案例】

一教师教学《四季》的教学片段。

师:秋天来了,谷穗为什么弯起来?

生:因为谷穗很重。

师:(教师皱眉头)嗯

生:(保持沉默……不作回答)

师:(教师叹气)坐下!

从案例可以看出,教师一皱眉头,学生便会领悟到自己回答得不好,于是他就索性不回答了。这时教师应该做的是鼓励学生继续回答,而不是一个叹气,让学生垂头丧气地坐下。其实,此时教师所发出的这些非言语信号在某种程度上比教师所说的任何话语更能引发学生的泄气、反抗等情绪。长此以往,学生便不敢也不愿回答教师的提问。

4. 主事评价与轶事评价相结合

主事指学生的主要学习事迹、主要学习表现。主事评价即教师抓住学生课堂学习中的主要表现、主要问题加以评价指导。轶事指的是学生在日常学习生活中不被一般人所重视的小事或细节。轶事评价就是教师通过学生在学习活动中有重要意义的偶发事件对学生进行的评价。

一般而言,教师对学生的评价大都是从大处着眼的主事评价。相比而言,这里我们更强调要注意轶事评价。轶事是反映一个学生独特、典型特点的主要载体和依据,轶事评价是对学生更深入的评价。教师如果缺乏对学生轶事的关注和体察,在对学生进行评价时就会感到无东西可评,因为他(她)就是班级中表现平平的学生,你没有对他(她)有特别的印象。这样一来,学生评语中就会频繁出现诸如"该生团结同学,乐于助人,集体荣誉感强"的词语,以及评价结果的千人一面。这种评价对学生的指导意义不大。因而教师可采用主事评价与轶事评价相结合的评价方式。

二、作业评价

(一)作业的含义

作业,也叫课外作业或家庭作业,是教师为检验课程学习效果,围绕课堂教学内容而设计的一系列习题、手工或实践活动。作业在内容上与课堂教学紧密相联,是课堂教学的自然延伸和补充,是对课堂知识、技能的复习、巩固和运用,对于学生理解、掌握和深化课堂中所学的知识以及养成良好的学习习惯具有重要的作用。通过作业的检查与批改,教师可以发现学生学习中的问题,并据此给予学生及时的反馈与指导,同时有助于教师了解和改进教学。

进行作业评价,教师需要做好两方面的工作,一是作业的布置,二是作业的批改。

(二) 作业的布置

教师布置的作业是否科学、合理,直接影响了作业在学生评价中的作用。布置作业,教师需把握以下几个问题。

1. 作业数量要适当

教师必须控制好作业的数量,数量太多,不但增加学生负担,而且容易导致学生敷衍作业,影响作业完成的质量,使作业起不到应有的评价功能;数量太少,既不能全面了解学生学习情况,又不能为教学提供足够的反馈信息。教师要根据学生年龄和学科特点,把握好作业的数量关,杜绝"题海战"和"零作业"两种极端倾向。

2. 作业质量要精当

在作业数量难以平衡的情况下,关键是要确保作业的质量。布置的作业在内容上要有代表性,每一个习题要能代表某种类型,是对某一知识点或技能技巧的针对性检测;在性质上要有创新性和开放性,避免对教材内容的简单重复;作业难度要适中,是学生通过认真思考能够独立完成的。

3. 作业形式要多样

不同形式的作业,对学生素质的要求是不一样的。为了全面检验学生学习情况,促进学生整体素质的提高,作业的形式必须多样化,既可以是书面的,也可以是口头的,还可以是实践的。如数学课上学习了计算面积的公式后,不必非让学生通过做大量的练习题来掌握面积公式,可以让学生去测量教室、操场、卧室和家中庭院的面积,这样既巩固了所学的知识,还锻炼了学生的动手能力。

【案例】

一位教师在教学《黄山小记》这一课时,学生对作者引用旅行家徐霞客的诗句"五岳归来不看山,黄山归来不看岳"产生了质疑:"为什么黄山不在五岳之列?"这位教师并不作正面解答,在学生争议未果的情况下,留下问题(家庭作业)让学生课后去探究,去查询有关资料,写出研究报告。

案例中，教师改变了传统的让学生抄抄写写的作业方式，而是把课堂中学生提出的问题留给了学生，让学生自己去寻找答案，并写出研究报告。试想，学生为了找到问题的答案，其完成作业的积极性肯定很高。而且，在寻找答案的过程中，还培养了学生的信息分析能力和探索意识。

【案例】①

在学习了 20 以内的加减法后，为了避免口算上枯燥的训练，我给学生布置了"玩扑克"的"家庭作业"。让学生每人准备一副扑克牌，与爸爸妈妈一起玩，在游戏中提高计算能力。"玩扑克"的游戏规则如下：家庭中两位成员各出一张，抢答两位的和与差，谁算得快，两张牌就归谁，最后以牌多的为胜。由于扑克牌上的数字是随机产生的，在减法练习时还需要考虑谁大谁小的问题，更加锻炼了学生的思维能力。这样通过趣味化的学习设计，同样的计算习题，在不同的情境下，效果也有所不同。学生在这样一个趣味性的氛围下做题，学习兴趣高，解题速度快，也避免了机械重复练习所引起的注意力分散，使学生在不知不觉中巩固所学的知识，变"要我练"为"我要练"，更增添了练习的乐趣。学生在亲子游戏中，既熟练掌握了 20 以内的加减法，口算能力得到很大的提高，又在与父母比赛中获得了胜利的成功感。下学期在学习100 以内加减法后，加大难度，抽取 3 张或 4 张牌，抢答 3 个或 4 个数的和，引导学生借用"凑十"的思想灵活进行巧算。

案例中的教师一改让学生机械练习的做法，而是充分利用了小学生的心理特点，寓教于乐，让学生在游戏的过程中，轻松愉快地掌握了知识。同时，还让家长及时了解学生的学习情况，以得到家长对学校教育的支持，可谓一举多得。

4. 作业设计要分层

作业分层设计是指教师在设计、布置作业时，根据不同层次学生的不同情况，如课堂表现、掌握程度、已有水平等，设计出不同的、适合各类学生的作业，从而帮助、促使不同层次的学生都能有效完成作业。

---

① 曹娅希:《以生为本，走进实践，注重实践——一年级综合类作业设计》，http://www.doc88.com/p-697137667737.html［EB/OL］2013-08-01.

分层作业的理论依据之一是因材施教原则。学习差异是一种普遍存在的现象，作业"一刀切"，过难或过易，缺少层次，不利于不同类型的学生，尤其是差生和优生的发展。实施分层作业有利于学生在完成适合自己的作业中获得成功，获得轻松、愉快、满足的心理体验，有利于优化学生的思维品质。

具体来说，作业分层应体现在作业内容、作业数量、作业难度、作业形式等方面。

【案例】①

学完了《雨点儿》一课后，教师根据不同层次学生的能力、兴趣、爱好，设计了以下几种作业供学生自主选择：（1）读一读。把儿歌读给父母听，让家长评一评你读得怎样。（2）认一认。认读本文生字词。（3）写一写。书写本文3个生字。（4）说一说。雨点还会落到哪里？它还会干什么？（5）编一编。依照《雨点儿》的格式续编几节儿歌。

在学了《富饶的西沙群岛》一课后，教师设计了以下几个作业：（1）读课文，选择课文所描绘的一至二种动植物，找资料说说它们的特点。（2）摘录文中你认为描写精彩的句子，并把它背下来。（3）创作或者仿画一幅"海底景物图"。（4）面对海底如此优美的景色和丰富的物产，你有怎样的想法？请把你的想法写下来，以便交流。（5）未来人类不仅可以到海底旅游，而且可能到海底居住。请你当一回"小导游"把海底的情况介绍一下。（以上五题，要求学生根据自己的能力、兴趣任选二至三题）

学习了《桂林山水》后，教师设计了以下作业：（1）画一幅桂林山水图。（2）写一首赞美桂林山水的诗。（3）用泥巴把桂林山水塑出来。（根据自己的兴趣、爱好选择其中一道题目）

这些作业有难有易、题型灵活、形式多样，有基本功训练，也有能力训练，有智力水平检测，也有非智力水平发挥。学生有了广阔的选择空间，可根据自己的情况自主选

---

① 徐敏：《让学生在自由的天地中愉快学习——小学语文分层选择型作业的实践探索》，《现代教学研究》，2010年第12期。

择作业,能力强的选择较难的做,能力弱的做简单的,每个学生都能根据自己的兴趣找到自己喜欢的内容,每个学生都能根据自己的特点用自己喜欢的方式参与到作业中去,真正体现了英雄皆有用武之地,切实保证了优等生吃得好,中等生吃得饱,学困生吃得了。无疑,这种非强制性的作业必定能激发学生的学习兴趣,调动各个层次学生完成作业的积极性,并努力向更高水平、更广领域发展。

作业的设计是一项充满艺术性、创造性的行为,需要教师树立新型的作业观,以学生发展为本,加强作业的改革,让学生的知识在作业中升华,技能在作业中掌握,能力在作业中形成,思维在作业中发展。

(三) 作业的评阅

在作业评价中,如果说作业布置是评价的前奏,那么作业评阅则是评价的具体落实。如果只布置,不评阅,作业评价的作用将难以发挥。为此,教师必须慎重对待作业评阅,做好以下几方面的工作。

1. 及时评价,注重反馈

及时评价作业有诸多好处,如可以及时发现学生学习中存在的问题,避免学生重犯同样的错误,或者因为错误而影响后面的学习;可以督促学生认真对待作业,养成按时完成作业的好习惯,如果教师不能及时评价作业,学生就会有偷懒或敷衍的心理;反之,则可以满足学生的期待心理,学生都希望教师及时对自己的劳动成果给予反馈,等等。

2. 写好批语,注重指导

对学生作业进行评价,不能仅仅停留于检查学生是否按规定完成了作业,而且要着重分析学生完成作业的质量,从中发现学生学习中存在的问题,并给予及时的指导和纠正。对于书面作业,教师在批阅时,不能仅仅打个"×"或"√"简单了事,尤其是学生做错的地方,要勾画出出错之处,或打上"?",并给以提示和引导,结合实际情况,写上适当的批语,以启发学生自己找出错误原因。批语要中肯、简洁,富有启发性。要尽量用"旁批"、"眉批",以更多地给予学生具有针对性、启发性的评价。批语不仅仅能给学生认知上以指导,而且能给学生以情感上的关怀和温暖,激发学生努力学习的愿望和动力。

3. 注重差异,重在鼓励

为了促进每一位学生更好地发展,作业评价的分层不仅要体现在作业的设计环节,也要体现在作业的评阅环节。对于学习程度不同的学生,只要是在自己的层次发挥了最好的水平,就可以得到最高分,就可以得到优秀。另外,教师还要注意具体题目的分层评价,当发现问题时,要仔细分析,找出出错的地方、出错的原因。尤其对于中低层同学的作业,要按照"按步批改"的原则,对一步就打一个"√",给予他们继续努力的信心,而不要只打一个"×",使他们只看到自己的失败,对学习失去信心和兴趣。

4. 做好讲评,加强总结

作业批改评阅之后,教师还需要对学生的作业进行总结、讲评。具体可以运用综合讲评、专题讲评、对比讲评等方式。综合讲评是教师对学生作业中普遍性、代表性的优缺点进行讲评,以对大多数学生进行全面、整体指导;专题讲评是教师对学生作业中反映出来的较集中、较突出的问题作专门的讲评,以解决学生某方面学习不到位的问题;对比讲评是把具有可比性的两项内容放在一起进行比较的讲评。采取何种讲评方式,教师需要根据具体情况来决定。此外,作业讲评仍需要教师坚持表扬为主,指导为主的原则。

三、成长记录袋评价

新课程颁布的各科课程标准(实验稿),都在"评价建议"部分对成长记录袋的创建与使用提出了相应的意见和建议。2002 年教育部颁布的《关于积极推进中小学评价与考试制度改革的通知》中,也明确要求学校和教师要"建立每个学生的成长记录(袋)",并指出"高中录取标准除考试成绩以外,可试行参考学生成长记录(袋)等其他资料,综合评价进行录取"。在实践中,成长记录袋评价也受到了很大的关注。那么,成长记录袋是什么,又该如何进行成长记录袋评价呢?

(一) 成长记录袋评价含义

成长记录袋,也叫档案袋、学习档案、档案录或成长记录,是指用以显示学生学习成就或持续进步信息的一连串表现、作品、评价结果以及其他相关记录和资料的汇集。简而言之,成长记录袋就是学生一个学期或一个学年的大"成绩单"。

根据成长记录袋中所收集的材料对学生的进步或进步过程等进行的评价就是成长记录袋评价。成长记录袋评价于 20 世纪 80 年代兴起于美国,属于发展性评价的一种,它以学生的成长为主线,由教师和学生根据一定的评价目的,收集各种有关学生表现的材料,并进行合理的分析与解释,以反映学生一定时间内的行为表现和学习发展状况。

成长记录袋评价重视学生发展的全过程,是一种多元、开放、动态的评价,对学生的评价比较客观、全面。相对于纸笔测试和其他快照式评价,成长记录袋评价能向教师、家长、学生本人提供丰富的内容,反映学生知道些什么、能做或不能做什么、想些什么、进步了什么,能够使学生体验成功,感受成长与进步,评价结果易于被学生接受。但由于成长记录袋评价过程较长、工作量较大,实施起来比较繁琐,对教师素质要求比较高。

(二) 成长记录袋的类型

按照不同的分类标准,成长记录袋可以分为不同的类型。根据评价目的来分,可将成长记录袋分为三类:展示型成长记录袋、过程型成长记录袋和评估型成长记录袋。下面对不同类型记录袋的主要构成和目的作简单介绍,以便我们根据不同的评价目的,选择合适的记录袋类型。

表 3-7　成长记录袋的常用类型

名称	评价目的	作品类型	特点	评价人员选择	时间安排
展示型成长记录袋	展示学生的成就	学生各个阶段的最佳作品	注重学生自我反省,主要受益者为学生	学生、教师、家长、管理者	定期的
过程型成长记录袋	描述学生的进步	反映学生进步的不同时期的同类作品	注重学生反思,为教师、学生提供反馈,教师、学生均受益	学生、教师、家长	连续的
评估型成长记录袋	确定学生是否达到预期的表现水平	依据一定的标准选择作品	主要为教师提供信息,不注重学生反省	教师、家长、管理者	特定的

1. 展示型成长记录袋

展示型记录袋也称最佳成果型或理想型记录袋,目的是向家长和其他人展示学生在某一学期或学年在某一学科领域所取得的成果。通过展示成果,给每个学生提供了展示自我的机会,由此增加了学生的自信心和学习的积极性。

展示型记录袋里装的内容,完全由学生负责选择,大都是学生自己认为最好的或最喜欢的作品。由于展示型记录袋里的内容,教师干预的比较少,而且每个学生记录袋里装的内容不可能完全一致,因此,展示型记录袋不能为教师提供更多的教学反馈信息。

表 3-8　展示型记录袋可收集的内容

课程领域	可收集的内容
语文	优秀的作业、最佳书法作品、最好的单元测验试卷、最满意的手抄报、最满意的作文、最佳的口语交际活动的录音、最满意的阅读笔记、评论等
数学	对教师所提问题的最佳解答;学生开发出的最佳原创数学理论;对数学期刊的最佳评论或学生写的数学家传记;对问题解决的最佳描写(描写问题解决的过程);学生探究过的数学理念的一张照片、图解或概念图
英语	优秀的作业、最好的测验试卷、最满意的口语录音、参加角色扮演和英语演出剧的录像、最满意的英语句子或作文、最满意的英文手抄报等
艺术	自己创作的音乐曲谱、最满意的海报或宣传画、最喜欢的自拍照片、最满意的手工制作、最满意的其他美术作品、参加音乐、舞蹈、戏剧的录音或录像等
科学	学生做的最佳实验室成果;开发的最佳原创假设;对教师提出的科学问题的最佳解决;对科学问题阐明自己主张的最佳论文(用那些能在科学家的讨论会上展示的风格写成);对科学杂志或期刊上的文章做的最佳评论;从学生长时间的实验中所作的最佳记录或日记
综合实践活动	最优秀的调查报告、优秀的作品、采访录音带、光碟、调查问卷、实验报告、反思性评价单等等

2. 过程型成长记录袋

过程型记录袋又叫进步型成长记录袋,主要记录学生学习发展的过程或学生作品产生的过程,它不像其他的记录袋类型,需要呈现学生最好的或最终的表现。过程型记录袋更关注学习的过程,是一种形成性评价,通过比较不同时期学生的表现来判断学生的发展状况。

过程型记录袋通过呈现学生在某一领域上的发展过程或轨迹,有助于教师对学生发展状况作出诊断,同时有助于学生的自我评估,帮助学生反省自己发展中取得的成绩和存在的问题。尽管也有一些内在的评价标准,但过程型记录袋极少用于评分或评等级。

过程型成长记录袋收集的内容与时间多由教师根据自己的教学目标与学生的学习现状来确定,学生负责选择和提交符合要求的作品或其他有关材料。

【案例】①

表3-9 综合实践活动过程型成长记录袋的样例

年级:小学五年级
学科:综合实践活动
学习领域:研究性学习——《小学生课外读物的调查》
活动目标:运用成长记录袋记录本研究课题实施的全过程,激发同学们阅读的兴趣,提倡同学阅读丰富多彩的、健康的、适合年龄特征的读物,同时教育同学们维护知识产权,不购买非法出版物,同时开阔同学们的视野,丰富大家的百科知识。
内容/特点:
  1. 教师规定全班学生每周将调查的结果与实施活动的计划分别放进袋中,并将活动过程中的反思也定期纳入。
  2. 小组长填写下列表格:

班级		活动小组成员	
活动调查的对象			
主要研究成果			
存在的问题			
下一步活动计划			

  每周指导教师利用在封闭空间进行活动的时间进行调研,及时给学生提供与反馈信息,学生也适时将研究进展向教师汇报,共同诊断过程中出现的问题并更加深入地进入下个主题的研究。

3. 评估型成长记录袋

评估型记录袋和上面两种类型的记录袋完全不同,这种记录袋的主要目的是收集

---

① 田友谊编著:《当代学生评价的理论与实践》,华中师范大学出版社2012年版,第234页。

事实以系统地评价学生在某一时间段的发展状况,并将结果报告给家长或学校管理者。这种记录袋要按照特定的目的或学习者的结果进行评分或赋予等级,需要有一些严格的规则来决定成长记录袋收集什么、收集的标准是什么以及如何评估。

评估型记录袋并非经常使用,往往是一年一次或在需要划分等级水平的时候使用,这和标准化考试类似。但由于成长记录袋是形成性评价,这就要求教师必须坚持动态发展的观点来评价学生。

表 3 − 10 评估型成长记录袋样例①

年级:小学一年级
学科:艺术
学习领域:音乐、美术、戏剧、舞蹈等学习
领域目标:按照艺术课程标准中艺术与情感的第一学段内容标准,对学生所收集的与音乐、美术、戏剧和舞蹈等学习领域有关的作品进行评定,并把评定结果作为艺术与情感分目标的成绩,即用评估型成长记录袋代替一年级学生的艺术期末考试,真实地反映学生一学期内在艺术领域的成就、进步与不足。
内容特点:
① 艺术教师按照艺术与情感分目标中的第一学段内容标准制订一系列具体、细致的评价指标,然后颁发给每位学生与家长,让他们充分理解与把握这些指标。
② 艺术教师根据音乐、美术、戏剧和舞蹈等学习领域的教学内容相应地安排每个学生收集自己制作的作品。
③ 按照制订的评价指标,用录音、图画、父母笔录等形式记录下学生对自己所收集的作品的感受与体会、对作品的满意程度以及改进的设想(反思资料),放入成长记录袋中。
④ 教师根据学生的作品以及反思资料,为学生的下一件作品提出改进的建议并进行具体的指导,促进学生学会运用一些基本的艺术技能来创造性地表现与交流自己的情感与思想。
⑤ 按照制订的评价指标,教师、学生自己、同伴或家长,对成长记录袋中与音乐、美术、戏剧和舞蹈等学习领域有关的每一件作品及反思资料进行等级评价,要说明评价的理由以及改进的建议。
⑥ 期末时,教师根据学生的作品、反思资料与交流、进步情况等对艺术与情感这一分目标进行终结性的评价。

(三) 成长记录袋评价的特点

1. 强调评价的过程性

成长记录袋评价的基本目的就是通过学生前后发展水平的比较,看到学生不断的进步和存在的不足,并有计划地将这些信息反馈给学生,促使其不断反思、改进,最终实现激发学生积极性、提高学习动力的目的。可见,强调评价的过程性是成长记录袋

---

① 国家基础教育课程改革“促进教师发展与学生成长的评价研究”项目组:《成长记录袋的基本原理与应用》,陕西师范大学出版社 2002 年版,第 16 页。

区别于其他评价方法的一大特点。

2. 与教学结合更紧密

由于成长记录袋由课堂教学的产品组成,学生作品的收集和评估成为教学过程的焦点,这就使评价的过程和内容更加紧密地与教学结合起来。通过对成长记录袋内容的评价,教师可以及时、全面地了解学情,学生也可以由此反思和发现自身的不足,从而进一步促进和推动教学。

3. 自我评价的成分突出

在成长记录袋评价中,挑选和收集学生作品、制订评分规则、总结及反馈等都需要学生参与,在这个过程中,自我的评价是学生积极地反思、自主地提高与进步的动力。也就是说,学生自始至终都在参与评价,随时了解评价过程,既是被评价者也是评价者,在整个成长记录袋评价中,自我评价的成分很突出。

4. 评价信息客观真实

成长记录袋里包含的内容详细、准确地记录了每一个学生在学习过程中所做的努力、取得的成绩和存在的不足,真实地展示了学生的学习过程,是学生发展过程的真实再现。这从源头上保证了成长记录袋评价信息的客观性和真实性。

(四) 成长记录袋评价的实施

1. 确定评价目的

成长记录袋不是一般意义上的文件夹,其中的材料应依据特定目的来收集,目的不同,材料收集的内容、方式、渠道也就不同。明确评价目的,可以为收集信息资料提供方向,以确保收集材料的针对性,以防把记录袋变成杂乱无章的材料收集站。

2. 选择记录袋类型

确定评价目的之后,接下来是选择合适的记录袋类型。如前面所述,记录袋评价的目的和用途主要有三种:一是展示学生的最佳成果,即通过记录袋展示学生最好的作品;二是描述学生学习与发展的过程,了解学生学习中存在的不足,同时证明学生学习中取得的进步;三是对学生的发展状况进行鉴定、评估,即把记录袋作为一种总结性的评价工具。在确定记录袋评价的目的时,可以根据实际情况从以上三个类型中进行选择。

【案例】① 学校的不同年级和学科设立的不同的记录袋主题

以语文为例,二年级的小朋友对于文字的认知和驾驭能力还不强,所以应鼓励他们多阅读,并用卡片这一形象的东西来体现自己取得的进步。三年级的小朋友在有了稍强的文字能力后,如何进一步激发他们学习语言的兴趣,聪明袋是很好的方式,小朋友都愿意自己是个聪明的孩子,以激发他们荣誉感的这种方式来促进自觉学习,能取得较好的效果。随着语言基础的进一步加强,对四至六年级的孩子而言,不仅要加强他们的阅读能力,更重要的是提高他们自己的动笔能力,将他们自己的习作一点点保存下来,如同园丁耕耘绿地一样,"一分耕耘,一分收获",这会让孩子们看到自己一点点的成长与进步! 比如有位学生制作了一个"笔耕袋"和一个"阅读袋",以记录袋的形式,随时收获自己阅读和写作中取得的成绩,督促自己养成良好的读书习惯,提高写作能力。具体内容包括:作文册:每次作文练习时的初稿及第一次修改后直至成品的过程都放进记录袋,被选中的作文用 B5 的纸打印出来装进袋中,封面记好目录。随笔册:精选每天写的日记,或打印或笔抄,装进袋中,封面作好记录。书名册:每读完一本书,选一张便条写上自己的姓名、书名、读书的起始日期,每月记一次。读后感:每读完一本书写一篇读后感或简介,自己装入袋中,并记好封面记录。老师定期召开读书交流会,介绍自己所读的书,交流经验。经过这样一系列工作后,这位学生的学习积极性大大提高,成绩也明显进步。

3. 确定收集的材料

记录袋中究竟存放哪些材料,取决于成长记录袋评价的目的。评价目的不同,收集的材料也应有所不同。如果评价目的是"展示",那么,只要收集学生最满意的作品即可,学生进步过程中的作业、测验结果等都不需要;如果评价的目的是"了解学生的发展状况",那么,记录袋中的作品就必须是学生在某一时间内的连续累积,以反映学生在某一领域的发展情况;如果评价目的是鉴定、评估,那么,记录袋中的作品就必须是根据某一统一标准选出来的作品。

---

① 钟惊雷、边玉芳:《小学生档案袋评价的实践探索》,《当代教育科学》,2005 年第 1 期。

4. 明确成长记录袋的参与者及其作用

多主体参与是成长记录袋的特色，教师、学生、同伴和家长是主要参与者。但在实践中，还要根据记录袋的类型和具体评价目的，来确定具体参与者。一般情况下，学生是实施成长记录袋的主体，让学生参与到评价过程中来，鼓励学生对自己完成的记录袋进行自我审视、反思、检讨、评价，使学生认识到自己的进步和不足，并且明了将来努力的方向。教师、同伴、家长要根据情况不同程度地参与实施。如在制订记录袋目的和对象、主题、作品等方面，教师要发挥其主导性作用，而在此后实施过程中，教师要更多地发挥其指导与激励作用。

5. 制订评价标准

为保证记录袋评价的信度和效度，教师要和学生、家长等一起事先根据评价目的制订评价标准。评价目的不同，评价标准制订的要求也不一样，如果评价目的是为了了解学生的学习过程，确定学生的进步状况，那么，评价标准就不必要细化到诸多评价指标，主要对标准有一个质性的描述就行了。但是如果评价目的是为了给学生升学或评优提供依据，或者是要对学生发展状况作出终结性评价并记录入档的，评价标准则要进行指标细化，并用文字明确表述某个等级的具体要求，以保证评价结果的公正和全面。

【案例】①

下面是对学生记录袋进行评定时制订的评价标准：

指标1：学习中的求知表现

水平3：(材料显示)对数学记录袋充满热情，作品内容丰富，文字部分书写工整、美观、清晰；

水平2：(材料显示)对数学记录袋有一定兴趣，作品内容比较丰富，文字部分书写有时候潦草不整洁；

水平1：(材料显示)对数学记录袋完全没有兴趣，作品内容单一，文字部分书写潦草。

指标2：对数学问题的理解

水平3：(材料显示)对相应的数学问题有清晰的理解；

水平2：(材料显示)对相应的数学问题有一定理解，但有时滥用或忽视

---

① 蒋华：《对小学档案袋评价实践情况的研究》，《上海教育科研》，2003年第11期。

某些信息；

水平1:(材料显示)对相应的数学问题一知半解,并且时常滥用、乱用或忽视某些信息。

6. 分析有关材料

在记录袋评价中,收集材料仅仅是为了评价服务,也就是说,收集材料不是目的,而是手段。因此,在确定评价标准和评价主体之后,接下来就是记录袋评价的中心工作——对所收集的材料进行分析,对学生的发展状况作出判断。

7. 反馈评价结果

促进学生发展是评价的出发点和目的,在对收集的材料进行分析并对学生发展状况作出判断之后,要及时把评价结果反馈给学生及家长。只有让学生及时了解评价的结果,学生才能清楚自己的不足和存在的问题,并及时给予纠正和完善。记录袋评价是形成性评价,不能在学期结束时再进行结果反馈,而应将反馈穿插在整个评价过程中,把评价当成是教师、学生、家长等多主体之间双向信息交流的互动过程,积极发挥评价的反馈、激励、促进和发展功能。

8. 引导学生进行反思

分析材料、反馈结果,并不意味着评价的结束。对于评价结果,学生的反应是不一样的,或接收、认可,或怀疑、拒斥,或冷漠、不理,学生对评价结果的不同反应势必影响评价的实效及后续的学习、表现。因此,教师必须引导学生正确看待评价结果,认真反思自己的发展历程,总结取得的进步和存在的不足。反思既是评价的方式,也是学生评价的目的。学会反思,有助于学生形成自我评价的能力,有利于促进学生的自我成长。

以上是成长记录袋评价应遵循的一般步骤或成长记录袋评价要经历的基本环节,但并不是说每一次评价都必须包括和遵循所有的步骤。在实践中,教师可以根据实际情况,灵活选择或随时调整。

(五) 运用成长记录袋评价应注意的事项

成长记录袋评价在我国是一种新兴的评价方法,在运用过程中应注意以下事项。

1. 根据情况灵活应用

相比传统的评价方法,成长记录袋评价有其独特的优点和优势,但并不是所有领域都适合用成长记录袋评价。再加上成长记录袋评价工作量大、评价持续时间长，具有耗时、耗力的特点。教师要根据实际情况，如学科性质、评价项目特征、学生精力等各方面因素，灵活运用成长记录袋评价，而不要一味赶时髦，追新潮，盲目滥用成长记录袋评价，徒增教师和学生负担。

2. 要与教学目标相结合

教师在使用成长记录袋评价时，不能把它独立于教学之外，当作另外一种教学工作，而应根据具体的教学目标，选择合适的成长记录袋评价类型，将成长记录袋评价与教学目标有机结合起来，使成长记录袋评价成为教学过程的一部分，成为促进教学和服务教学的一个手段。

3. 确保成长记录袋内材料的质量

记录袋内的材料是评价的主要依据，也是影响评价信度和效度的主要因素。因此，必须确保成长记录袋内材料的质量，一是材料的真实性，二是材料的代表性。材料如果不真实，则一切评价失去了意义。材料如果不具代表性，评价的信度和效度同样难以保证。

4. 保持评价标准的一致性

成长记录袋评价的主体可能涉及诸多人员，由于评价主体在学生评价中身份、角色和职责的不同，同一件作品可能会给予差别很大的评价意见。因此，要尽可能使评价者对成长记录袋评分标准取得一致性意见。

四、形成性评价的优势与局限

（一）形成性评价的优势

1. 及时

形成性评价与教学同时进行，与教学融合与共存，教师能够及时掌握学生学习情况,及时肯定学生取得的成绩,激励学生再接再厉,发现学生学习中存在的问题,并给予及时指导和帮助,将错误和问题消灭在萌芽状态。

2. 多元

从价值取向看,形成性评价既注重目标取向,也注重过程取向;从评价内容看,既注重认知性评价,也注重技能和情感态度评价,有利于学生充分展示才能;从评价方法看,形成性评价既注重量性评价,也注重质性评价;从评价主体看,既注重他人评价,也注重学生自评;在评价功能上,有助于发挥学生评价的各种功能。概之,形成性评价是一种多元性评价。

3. 灵活

形成性评价的根本目的在于了解学生学习过程的整体情况,而不在于进行鉴别和选拔,因而,形成性评价不过分追求目标的标准化和方法的规范化,不过分追求评价的客观性和精确性,不过分追求评价环境和程序的规范和统一。这就决定了形成性评价的标准、方法和形式的灵活性。

4. 深入

形成性评价通过采用质性评价在内的各种评价方式,将他人评价和学生自评相结合,对学生的评价不再停留于表面,而是深入到了学生学习和发展的更深层面。

5. 具持续性

不像终结性评价那样,形成性评价贯穿于学生学习的始终,具有持续性,已成为学生学习的一部分,是促进学生终身学习和发展的重要手段。

(二) 形成性评价的局限

1. 规范程度不够高

由于形成性评价更多采用的是开放的、即时的评价方式,特别是对情感态度领域和学习过程的评价,评价所收集的资料和判断的标准可能都会因时而变、因人而异。再加上形成性评价主要以质性评价为主,致使评价标准无法做到统一,评价的过程和程序也无法做到绝对规范。

2. 评价结果可能有失公正

形成性评价没有相对统一和规范的标准,整个评价过程较多地带有评价者和被评学生的主观性和个人特征。评价者的评价观、评价能力以及学生观等直接决定了其对评价内容、评价方式、评价方法等的选择和运用。因而,很难保证评价的公平和公正。

3. 评价频率难以把握

形成性评价贯穿于教学过程的始终,评价的强度到底应该有多大,比较难以把握。如果过于强调评价,或评价的分量过重,很容易导致评价过于频密繁琐,甚至学生和教师不堪其烦。

4. 容易流于形式

伴随形成性评价方式产生的还有许多新颖的评价工具,这些评价工具同样有着明显的局限,如消耗的时间过多,评价的视野不稳定,等等。如果不注意把握好形成性评价的实质而只是热衷于这些工具的使用,很可能导致评价的形式化。

5. 可能加重师生负担

在应试教育背景下,对学生评价功能的过分推崇,容易导致形成性评价的高频率,如实践中出现的月考、旬考、周考、单元考、课课练等,无疑加重了师生负担。

五、实施形成性评价应注意的事项

(一) 忌将形成性评价与终结性评价对立起来

长期以来,由于对学生评价认识上的偏颇,很多人把学生评价方面存在的问题完全归结于终结性评价,认为评价有问题,就等于终结性评价有问题,以致在方法上将形成性评价与终结性评价对立起来,甚至主张用形成性评价取代终结性评价。客观来说,两种评价从不同的角度来衡量学生的学习,各有各的优势和用途,既不会互相排斥,也不能互相取代。对目前教学评价中存在的问题,要实事求是地进行分析,找出真正的根源,而不是将一切问题归咎于终结性评价,更不能将形成性评价和终结性评价对立起来。

（二）忌将学习效果的评价排除在形成性评价之外

形成性评价不是对微观意义上的学习过程的评价，也不是只注重过程而不注重结果的评价，而是对课程实施意义上的学习动机、过程和效果的三位一体的评价，或者说是人的生命意义上的学习评价。在价值取向上，形成性评价虽然对学习过程有一定的关注，实际上还是属于目标取向，评价的是一个较小的时间阶段的学习效果与教育教学目标的一致程度。因而，形成性评价切不可把学习效果的评价排除在外。

（三）忌将形成性评价与某种特定的评价方法甚至评价工具等同起来

适合做形成性评价的工具很多，学习日记、评价量表等等，都可以是评价的工具。许多即时的、口头的评价中，教师或同学的肯定赞扬或否定批评，也是一种形成性评价，这时教师或学生本人就是评价工具。在形成性评价中，应根据需要灵活、综合运用各种评价方法和评价工具，而不是简单、机械地将形成性评价拘囿或等同于某种方法或工具。

（四）忌过分夸大形成性评价的功能

新课程实施以来，形成性评价因其独特的功能和优势而备受青睐，以致一些人不管什么情况都要用形成性评价，似乎只要采用了形成性评价的方法，在评价方面存在的一切问题，包括应试教育的问题都可以迎刃而解，这无疑是夸大了形成性评价的功能。对此，我们必须有清晰的认识，形成性评价有其优势，同时，也有其不可克服的局限。我们应客观认识形成性评价的功能，切不可过分夸大形成性评价的过程，否则，只会把教学和评价引入歧途。

（五）忌将形成性评价简单化

形成性评价关注过程，因而有些教师认为，只要将学生平时的作业成绩记录下来，并按较高比例将其折合计入最终分数，就是重视形成性评价。这是对形成性评价的误解和简单化。在这种情况下，教师关注的其实是学生的分数和等级，是学生学习的阶段性结果，而不是对学习过程本身的分析与改进。学生在学习过程中或者说在追求目标达成的过程中究竟有哪些优势与不足，教师如何针对这些过程性特点调整教学活动,教师并不知道,通过形成性评价改进教与学的初衷也就无从实现。对此,我们必须注意,切不可将形成性评价简单等同于平时分数记录簿,而是要牢记形成性评价的本质特点——将所收集的信息用于改进,对平时作业进行深入分析,考查学生学习的过程,既看到学生所取得的成就和进展,又客观识别学生距离目标的差距和不足,并在分析原因的基础上调整教与学,将平时作业和测验作为教学改进的基础,使其真正发挥形成性评价应有的作用。

第四章
终结性学生评价

【案例】

上学期初,张老师为了提高学生的阅读水平,为学生指定了五本课外读物,要求所有学生一学期读完,并做好读书笔记,期末的时候进行评比。全班同学都制订了阅读计划,按照老师的要求读完了所有课外读物,并认真、详细地做了读书笔记。学期中,张老师时不时地向学生了解一下阅读情况,并给予了及时的指导。到了期末,张老师口头上了解了一下学生的阅读情况,得知全班同学都按要求完成了阅读任务,就没有再进行检查评比。因为张老师觉得既然一学期自己都紧密关注了学生的阅读情况,而且感觉到学生阅读水平有了很大提高,就没必要再花时间组织检查评比。孰料,张老师的这种做法让很多学生感到很失望,甚至是失落,因为很多学生在阅读期间,都做了充分的准备,就等着期末的时候一展风采呢。新的学期又开始了,张老师又像以往一样,给学生布置了阅读任务,但很多学生的阅读兴趣却不高,也不再认真做读书笔记。

案例中张老师犯的错误就在于忽视了对学生学习情况的终结性评价。虽然学期中,张老师一直在关注学生的阅读情况,也得知学生的阅读水平有了提高。客观来说,教师预期的目标已经实现。但对学生来说,他们依然需要教师对自己学习上取得的进步进行肯定和反馈,即使是做得不好的地方,学生也渴望知道。当老师没有对学生的努力给予适当评价时,学生自然失去了继续努力的积极性。

终结性评价主要是在教学和学习后进行的评价,是对教学和学习全过程的检验。它表示距离最终目标的程度,并对学生进行必要的区分,一般在学期中和学期末进行,次数较少。它的测验内容和范围都要高于前两种评价的要求,概括的水平也较高。终结性评价常用的方法有考试评价和表现性评价。

一、考试评价

（一）考试的含义

考试即指通过编制一套具备一定数量和一定质量的试题，对学生的学业发展水平作出判断的教学活动。考试是我国中小学常用的一种学生评价方法。一般来说，考试法长于对学生知识掌握情况进行评价，而不利于评价学生的实践技能、学习过程和方法、情感、态度、价值观等非智力性因素。注重的是对学生学习结果的评价，忽视过程评价。但是，考试法也有其独特的优势，如操作简单、易于实施，能同时对多个人进行评价，比较经济，整个评价过程和结果也比较客观。

（二）考试的种类

考试作为学生评价的一种工具，种类繁多，根据不同的标准可以分为不同的类型。

1. **按考试的标准化程度来分**

（1）标准化考试

标准化考试是指在试题的编制、实施、计分以及考试分数的解释等方面都有严格程序的测验。标准化考试一般由考试专家进行设计，主要用于大型、正规的考试当中。

（2）非标准化考试

非标准化考试是指在编制、实施、计分以及分数的解释等方面科学程度、严密性不够高的测验。这类考试只能粗略地对学生发展水平进行检测，而不能准确地对学生的个别差异进行分类或分等，如任课教师用自己编制的试题对学生进行的考试。

2. **按评价的参照标准来分**

（1）常模参照考试

常模参照考试是指参照某一常模群体的水平来解释分数的考试。这个常模群体可以是一个特别选定的团体，也可以是被试所在群体本身。以常模为参照点，将被测个人的成绩与常模比较，对被测者的发展水平进行价值判断。参照常模解释分数，便于个体间的比较和选拔，属于相对评价的范畴。

（2）标准参照考试

标准参照考试是指依据某种特定的操作标准来解释考试结果的考试。操作标准一般是根据教学目标提前制订的，标准参照考试主要目的在于鉴定被试是否达到规定标准，属于绝对评价的范畴，如毕业考试、等级考试都属于标准参照考试。

3. 按试题的标准来分

（1）客观性考试

客观性考试是指考试题目需要被试准确无误地再现固定知识的一类考试。这类考试从题目到答案到评价，都是客观的、标准的，不允许加入任何个人的主观因素。如填空题、判断题等都属于客观性考试。

（2）主观性考试

主观性考试是指被试可以自由组织答案的考试。对于主观性考试进行评价，评价者一方面按照评价标准，一方面根据其主观判断来进行，不管是答题，还是判分，都加入了答题者和评价者的主观因素，因此被称为主观性考试。如论述题、作文题、材料分析等都属于主观性考试。

4. 按施测方式来分

（1）笔试

笔试，又称纸笔型考试，是指用纸和笔来进行答题的考试。笔试是我国中小学生评价中用得最多的一种考试方式。

与其他考试形式相比，笔试具有容易操作、效率较高、测试内容涵盖面比较广泛等优点。同时，笔试也有一些不可克服的缺点，如长于考核学生认知能力，而不便考核学生实践能力；长于考核学生智力领域，而不便考核学生非智力发展状况等等。

（2）机试

机试即通过计算机进行考试，这是一项新兴的考试形式，是随着教育现代化的普及而出现的。目前在我国，机试主要用于高校和成人考试中，在条件发达地区的中小学也开始使用机试，它的基本形式是由计算机从题库中随机出题，每个考生的题目可能完全不同，由计算机当场给出成绩或将学生做题答案保存后再由评卷员给出成绩。

作为一种新兴的考试形式，在实施过程中，机试还有许多需要完善的空间。目前机试用于客观题的较多,在主观题方面涉及的还比较少,题型上还有待于进一步拓展。另外,学生的计算机操作能力和心理适应问题也是机试必须考虑的因素。

（3）口试

口试就是由教师事先准备好若干题目,让学生通过口头叙述的方式面向主考教师来作答的考试形式。

相比较笔试,口试有以下优点:口试是师生面对面地进行考试,保证了考试结果的真实性;形式比较自由和灵活,教师可以根据实际情况临时调整考试策略,做一些必要的变动,改变提问方式,增加或删减考试内容,延长或缩短考试时间等;考试中教师还可以根据实际情况进行适当的追问,从而有利于全面考查学生的综合素质,如思维品质、情绪调控、知识整合、语言表达、临场应变等素质和能力。

当然,口试也有其自身的一些缺点,如口试只能一对一或多对一进行,需要投入较多时间和人力,整体来说,效率较低;口试时间一般比较短,难以把较多的内容安排在一次口试中,考试覆盖面较窄;口试是教师对学生面对面地进行评价,容易使学生产生紧张、焦虑等负面情绪,严重者可能导致学生不能发挥自己的真实水平,进而影响到评价的效度;每个学生的测试环境多多少少都会有一些不同,一定程度上影响了考试结果的公平性;由于整个考试过程的流逝性和不可重复性,对学生的整体表现很难全部客观记录下来;评价时容易受评价者当时情感、态度等主观因素的影响,使评价结果具有较大的主观性等。

5. 按施测要求来分

（1）闭卷考试

闭卷考试就是要求学生不借助任何外在辅助工具、在规定时间内独立完成测验试题的考试形式。

闭卷考试是最常用的、也是历史最悠久的一种考试形式,其特点是经过长期的检验和完善,运作方式已非常成熟,可以不受时间、地点和人员的限制,根据需要随时进行。

闭卷考试也存在一些弊端:由于学生追求高分的心理和少数学生的叛逆心理,学生作弊的现象时有发生;测评内容大多侧重于书本知识,尤其是识记能力的考核,这就容易使学生养成死记书本知识的习惯等。

（2）开卷考试

开卷考试就是允许学生在考试时借助教科书、读书笔记、相关参考资料及工具书等独立完成测验题目的考试形式。

开卷考试是近几年比较流行的一种考试形式。和闭卷考试相比,开卷考试有如下优点:允许学生查阅教材及其他相关资料,有利于学生把精力放在理解知识和运用能力上,从而促使学生改变学习方法,提高学习质量;考试题目综合性和开放性较强,多没有固定、现成答案,需要的不是学生"死记硬背"和知识简单再现的能力,在考查知识的同时,还考查学生的若干能力,如对知识的理解、分析、归纳、应用和创新思维能力等等。

同时,开卷考试也存在一些弊端,如有的学生对开卷考试没有形成正确的认识,以为开卷考试就是让抄书、抄答案,以致考前不认真复习。对此,教师要引导学生加强对开卷考试的认识,同时,教师要坚持多元的评价标准,为学生的创造性提供更大的空间。

具体采用何种评价形式,需要根据课程性质、学生年龄、学校条件等各方面的具体情况来决定。

目前来看,我国中小学运用得最多的是笔试型考试,因而这里我们主要讨论笔试型考试。

(三) 衡量试题的指标

在考试法中,最主要的评价工具是试题,即考试的内容,试题质量直接决定考试法的运用成效。一般来说,保证一份试题质量,需要考虑以下几个因素。

1. 效度

简单来说,效度就是考试的有效性,即一份试题能否测出它所想要的东西或能否实现它的测验目的。试题的效度是确保试题质量的首要标准,如果一份试题不能测出或不能完全测出它所想要的东西,可以说,这份试题的质量是很低的,考试也可能是无意义的。例如,我们想通过考试测量学生的分析能力,采用的题型却是填空题,那么,这份试题的效度是很低的,甚至说它不存在效度,因为填空题主要考查的是学生的识记能力(文科)或计算能力和理解能力(理科),很难测评学生的分析能力。

2. 信度

信度是指考试所得分数的稳定性或可靠性。质量高的试题,就像是一个好的量尺,对同一对象反复多次测试的结果,应该是始终不变。同一套测试题,在较短时间内,前后对同一被试进行测验,如果被试者两次测得的分数基本一样或相差很小,说明这个测验的信度较高。相反,如果同一套测试题在前后很短时间内对同一被试进行测试,其前后两次测验分数却相差很大,可以说,这个测验的信度比较低。一般认为,试题的信度与下列因素有关:试题的数量是否适宜、试题的难度是否适当、试题的内容是否科学、考试的程序和评价方法是否统一、科学和客观等。

考试的信度和效度既有联系也有区别。效度强调考试的实效性,而信度强调考试的稳定性。可以说,信度是效度的基础,一个信度较低的测验,其效度必定低。但是一个信度较高的测验,其效度不一定高。如上所述,通过填空题去测试学生的分析能力,其信度可能是较高的,但其效度却根本无从谈起。可见,测验的信度是保证测验效度的必要条件,但并不是充分条件。

3. 难度

难度是指试题的难易度,一份试卷的难度应如何把握,并没有统一的规定。难度大小应根据考试的目的来确定。如果考试的目的是为了了解学生掌握知识、技能的情况,考试可以不考虑题目的难度,只要教师把认为重要的内容编入考试即可,其至难度很大,估计很少有人能通过,或难度很小,估计大部分同学都能通过的题目也不必淘汰。如果考试用于对学生作区分,为了选优或升学,则要考虑试题的难度。试题的难度并非越大越好,而是要根据实际情况,使试题难度适中,以保证试卷的信度和效度。

4. 区分度

一次考试质量的高低,除了效度和信度之外,还要看其区分度。区分度也可理解为考试的鉴别力,即通过考试能否将被试的发展水平进行区分,反映出被试的实际差异程度。如果一次考试,所有的学生得的分数很相近,几乎不能将学生发展水平进行区分,可以说这次考试的区分度很低,从考试效果来说,不能算是质量高的考试。区分度较高的考试,应该能比较容易地区分出学生发展之间的差异,如水平高的学生得高分,水平低的学生得低分。

影响考试区分度的因素很多,其中最主要的是试题的难易度,试题太难或太易,都会影响到测验的区分度。因此在设计考试试题时,要注意把握试题的难易度,以对学习程度不同的学生作出区分。

（四）如何编制试卷

各类考试的目的和内容尽管存在差别,但是,试题编制过程大致相同,一般包括确定考试目标、制订命题计划、编制测量细目表、选择试题、编制试卷、试测、复查、编写答案等几个环节。

1. 确定考试目标

考试目标来源于课程目标,编制试题之前,首先要先研究课程标准,选择合适笔试的课程目标;其次,要把选择出来的课程目标用动词表示出来;再次,要确定学生的表现水平,为评定环节提供依据。

2. 制订命题计划

试题的编制是一项严肃而又复杂细致的工作,要想提高考试的质量,首先必须制订命题计划,以防编制试卷时东拼西凑、敷衍塞责,影响考试质量。

所谓命题计划就是对考试题目如何编制、试卷如何组成进行设计。命题计划是编制试题的依据,是科学设计试题、周密安排考试内容、编制试卷的蓝图,对命题起着指导和规范作用。

命题计划一般包括两部分内容:一是试题和试卷编制的原则要求,具体说明考试的目标和内容范围、试题类型、编制试题和组配试卷的要求;另一部分是试卷中试题的分布规定,具体规定出考试内容中各部分内容所占的试题数量和分数比例。

制订命题计划,要依据课程标准规定的考试内容、考试范围和教科书中涉及的各项知识所要求掌握的程度,来确定试题分布范围、难易程度、重点难点。编制命题计划,要全面反映考试内容,保证试卷对考试内容的覆盖率、代表性,以避免测试的偏差,给教学工作带来消极影响。编制命题计划,对试题的数量以及难度比例的规定,要符合学生的心理承受能力,考试难、中、易比例要适当,既要考虑大部分学生考试成绩达标,又要考虑将不同层次学生考试成绩拉开距离。

【命题计划样例】[①]

汉中市 2012 届高三年级教学质量检测政治学科命题计划书

根据汉市教研发【2011】38 号文件《关于在全市普通高中高三年级进行

---

① http://wenku. baidu. com/view/3746bfeaaeaad1f346933f9f. html[EB/OL]. 2013-08-01.

教学质量检测的通知》精神,为确保政治学科试题命题质量,按时完成本学科命题任务,特制订如下计划:

一、指导思想

坚持科学发展观,以问题为中心,以人类所面临和关心的或现实、重大的社会问题为素材,以学生基础知识为依据,以能力测试为核心,考查学生运用基本知识分析和解决问题的能力。本次质量检测试题具体应遵循"注重能力,发挥导向,适应高考"的思路。

二、试题难度

本次考试为高三第一轮复习阶段性检查调研考试,因此,试卷整体难度系数应 0.55—0.65 之间为宜。

三、命题的基本原则

1. 科学性原则。试题要注重规范性、准确性,试卷长度、难度控制合理,以符合高考试题标准为宜,杜绝错题、偏题、怪题,保证学生思考的时间,答案规范,有利于评卷工作。

2. 导向性原则。试题要引导冲刺阶段复习的方向,注重基础知识的回归,注重能力的培养,注重试题与高考的关联性。

3. 整体性原则。试题需要注重宏观布局,强调原创性、不照搬;组卷原则要以高考为标准,合理分配试题难度,注重热点综合。

4. 实效性原则。试题形式不论如何创新,考查的宗旨是不变的,即检查教学和复习中的问题,通过检测使教师和学生找到知识的漏洞、弥补能力的欠缺,真正使检测对教学起促进作用。

四、命题要求

1. 命题依据:《2011 年普通高等学校招生全国统一考试大纲》(课程标准实验版)、《2011 年普通高等学校招生全国统一考试大纲的说明》(课程标准实验版)、《陕西省高中新课程教学指导意见》。

2. 考试时间、分值:政治学科考试时间 90 分钟,试卷满分为 100 分。

3. 考试内容、各模块分值比例、试卷结构、题型和题量:试题覆盖政治(必修)1—4 的全部内容。各模块分值比例为:《经济生活》约 30%、《哲学生活》约 32%、《政治生活》约 24%、《文化生活》约 14%。试卷包括Ⅰ、Ⅱ两卷,第Ⅰ卷为选择题,第Ⅱ卷为主观题。试卷阅读量参考 2011 年高考试题阅读量,试卷长度标准为中等程度以上的考生在规定的时间内能完成全卷,16K、4 个版面,8K 答题纸正反面一张。

	第Ⅰ卷(选择题)		第Ⅱ卷(主观题)		合计
经济生活	1—8	16 分	设 1 问	14 分	30 分
政治生活	9—14	12 分	设 1 问	12 分	24 分
文化生活	15—16	4 分	设 1 问	10 分	14 分
哲学生活	17—24	16 分	设 2 问	12＋4 分	32 分

4. 难易比例和组卷:试题易、中、难比例为 3∶5∶2,试题按题型、内容等进行排列,选择题在前,非选择题在后,不同题目尽量按由易到难的顺序排列。

5. 命题项目:试卷、答案及评价标准各一份。

6. 时间安排:

2011 年 11 月 22 日—24 日制订政治学科命题计划书。

2011 年 11 月 25 日全体命题人员第一次会议时提交。

2011 年 11 月 26 日—12 月 7 日政治学科命题人员拟定初稿。

2011 年 12 月 8—9 日各学科命题小组讨论初步确定第一稿。

2011 年 12 月 10—16 日政治学科组详细讨论打磨确定第二稿。

3. 编制双向细目表

命题计划要通过双向细目表来具体体现,实际上是根据考试目标和考试范围对命题框架的抽样,具体以考查目标(知识、能力)和考查内容之间的列表呈现。双向细目表包括两个维度,一个是要考查的目标,另一个是要考查的内容要点。一般来说,表的纵向列出要测内容的要点,横向列出要考查的目标,在考查目标和考查内容的交汇处列出的是考查内容和考查目标所占的比例。编制双向细目表,要做好以下工作:

(1)列出考查内容。学科的检测,都是针对该学科的具体内容进行的,检测哪些知识内容,是首先要明确的问题。因此,必须要把考核内容先筛选出来,然后再进行构筑。试题内容,一般应先落实主观性试题,包括主观性试题的类型、每种题型的数量、考查知识点的数量等,然后再确定客观性试题,一定要明确考查多少道试题、每部分内容具体占多少道试题等,其目的在于保证一种平衡,兼顾考试内容的覆盖面,同时也能避免试题的重复。

(2)列出考查内容预计达到的认知能力目标。在考查目标方面,所依据的大多是美国教育家布卢姆关于教学认知目标所分的六大领域,即识记、理解、应用、分析、综合和评价,这六个领域是相互区别而又互相联系的层次递进关系。在实践中,要根据学科特点、年级特点及具体的考试目的作相应的调整。

(3)列出各部分内容的权重。根据检测内容在整体学科中的相对重要性,分配相应的比重:①主观性试题各自的比重。②主观性试题每部分内容的比重。③客观性试题每部分内容的比重。比重多以百分比表示,这个百分比,既是教学时间、教学精力分配的比例,也是检测试题数量、考试时间、分数分配的依据。需要注意的是,各部分内容的分数比例由考试内容所决定,可根据不同学科的特点灵活安排。④确定各考查内容(点)的分数值。

双向细目表不但有利于保证测验题目有较宽的覆盖面(想要考的内容漏不了),而且可以避免同一内容在不同题型中重复出现,从而保证了考试有较好的内容效度。此外,对教师而言,双向细目表有助于教师引领学生复习更有针对性和侧重点。

双向细目表不但是命题的依据,而且是评价检测内容效度的依据,也是评价学生达标程度的依据。就一门学科来说,命题双向细目表不便随意更改,只能随课程标准的修订而修改。

【案例】[①]

表4-1 小学数学四则运算测验的双向细目表

教学目标 教材内容		知识	理解	应用	分析	综合	评价	总计	百分比(%)
加法	选择	1	2					8	20
	填充			1	1				
	计算		1	1					
	应用						1		

---

① 许爱红:《多元学生评价的理论与实践》,明天出版社2005年版,第52—53页。

教材内容＼教学目标		知识	理解	应用	分析	综合	评价	总计	百分比（%）
减法	选择	1	1					8	20
	填充			1		1			
	计算	1	1				1		
	应用				1				
乘法	选择	2	1	1				12	30
	填充		1			1			
	计算	2		1			1		
	应用			1		1			
除法	选择	2	1	1				12	30
	填充		1		1				
	计算	1	1		1		1		
	应用			1		1			
总计		10	10	8	4	4	4	40	100
百分比（%）		25	25	20	10	10	10		

4. 编制试题

试卷的基本要素是试题,试题质量直接影响到考试的质量,编制一套质量较高的试题对考试来说很重要。下面就对编制试题应注意的基本事项进行简要介绍。

（1）试题数量要适当

一份质量较高的试卷,必须保证试题数量适当。如果试题数量太多,学生可能在规定时间内完不成试卷,影响考试的效度;相反,如果试题数量太少,不能全面覆盖考试范围,同样影响考试的效度和区分度,最终影响考试目的的达成。编制试题,首先要控制好试题的数量。试题总量到底多少合适,并没有硬性规定,教师要根据考生的实际水平、考试的目的及考试时间来确定。

（2）试题类型要多样

从大的方面来说,试题可以分为主观性试题和客观性试题两大类,具体又可以分为选择题、判断题、填空题、计算题、应用题、开放题、简答题和论述题等类型,不同类型的试题有不同的功能。学生的发展是多方面的,不同领域的发展水平需要不同的检测形式。如果试题类型太单一,容易影响试卷的效度。只有试题类型多样化,才能从知识与技能、过程与方法、情感与态度多维度地对学生进行全方位的评价。此外,也只有多类型的试题,才能为学生提供广阔的思考和发展空间,以培养学生多方面的能力和素质。

(3)试题覆盖面要广泛

考试的目的,是为了全面了解学生的学习状况和教师的教学状况,进一步激励学生的学习热情和改进教师的教学策略,促进学生的全面发展。为此,试题必须做到覆盖面广,避免以偏概全、以点概面。如果试题覆盖面太窄,既影响试题的效度,也可能导致对学生的不公,考试结果也不能真正为改进教学服务。

(4)试题内容要高度综合

试题覆盖面要广,强调试题要涉及考试规定的所有领域,但这并不意味着不同领域内容的简单罗列和机械堆积。而且,一次考试也不可能把学过的所有内容全部囊括进去检测一遍。在确保试题覆盖面广的同时,还要注重试题内容的综合性,即把相关的测试内容整合在一起,把对知识的检测和对能力的检测进行整合,把对智力因素的评价和对非智力因素的评价进行整合。只有这样,才能真正评价学生的综合素质,也只有实现命题内容的综合化,才能实现新课程所倡导的知识与技能、过程与方法、情感态度与价值观的"三维"评价目标。

【案例】①

题目:给妈妈过生日

任务描述:妈妈为了我们的成长付出了很多努力,我们每个人都应感恩妈妈。妈妈的生日快到了,利用我们手头的钱,给妈妈买份礼物,祝妈妈生日快乐!

提示:①你要知道妈妈的生日是哪一天;②你要确定给妈妈送什么礼物;③你可能要到商场查看礼物的价格;④你要统计自己手里有多少钱;⑤如果你想买的礼物价格超出了你有的钱,你该怎么办。

要求:根据提示,写一篇短文,描述你完成任务的过程,有必要的计算过程。

---

① 梁金华:《表现性评价在中小学数学教学评价中的应用研究》,《教育教学论坛》,2013 年第 29 期。

如果用传统的考试法,案例中的问题可以设计成一个很传统的数学减法问题:小明有 100 块钱,想给妈妈买一个生日蛋糕,已知一个 8 寸的蛋糕售价为 68 元,请问售货员应找小明多少钱?对于小学二年级的学生,这个问题并不困难,一个减法计算就能算出答案,但这样只是考查学生的减法计算,而且参加测试的学生,答案基本一样,没有区别对待,对于考查"综合素质"还相差甚远。而经表现性评价这么一换装,将题目设计成表现性任务,考查的东西就丰富多了。首先是统计知识,母亲的生日,礼物的价格,自己的零花钱,这些都是需要统计的,要考查的数学减法也在其中,更重要的是,这样一个贴近生活的问题会让学生感到很亲切,愿意积极地去完成它。问题的答案也因为个人的情况不一样变得丰富多彩。首先是母亲的生日各不相同,再就是送给母亲的礼物怎么确定,是通过自己的观察,还是直接询问母亲。包括提示⑤,这是一个生活中经常遇到的问题,要求学生能在已有的条件下作适当的变通,要么更换礼物,要么想办法筹够差额,不同的学生就有不同的想法。学生要完成这个任务,必须对整件事情作全面考虑,对数学的理解和应用能力得到进一步加强,最后描述完成的过程既考查了学生的思维过程,又考查了学生的语言表达能力。另外,这道题目也蕴含了中国人的"孝道"教育,在做这个题目前,可能还有很多孩子连自己母亲的生日都不知道,做完题目母子之间的感情也进一步加深。当然,教师在出这种题目时,应提醒学生礼物有价,感情无价,给妈妈过生日重在表达对母亲的热爱和感恩,不必买昂贵的礼物。

（5）命题内容要开放

以往的测验命题主要是局限于书本上的现成知识,是一种封闭性的命题。这种命题是远离学生生活实践的"象牙塔式"、"学理式"的命题,学生需要做的也只是运用书本知识解决书本式的问题。这样的命题不但不能测量学生运用知识的实践能力,反而抑制了学生实践能力和创造能力的发挥,这是与新课程的培养目标和评价理念相悖的。因此,必须加强测验命题的开放性,加强测验命题与学生现实生活的联系,尤其是对综合实践活动的评价,更应注重命题的开放性。

【案例】①

下面是一道小学数学试题:做实验

实验名称:浪费了的水

---

① 新课程实施过程中培训问题研究课题组:《新课程与评价改革》,教育科学出版社 2001 年版,第 73—74 页。

实验目的：测量一个漏水的纸杯在 10 秒钟内流掉的水的体积，并以此作为依据预测一个没拧紧的水龙头一个月将会浪费多少水。

实验器材：一个纸杯、一颗钉子或回形针、一个量筒、一只秒表。

实验步骤：……

一同学通过做实验、运算在试卷上答道："如果水龙头以相同的速度漏水，那么，一小时将浪费 2.1 升水，一天将浪费 50.4 升，一星期浪费 352.8 升，一个月将浪费 1512 升水。"同时，该同学颇有感慨地说："我居住地的水价是 1.6 元/吨，一个漏水的水管一个月浪费的水是 2.42 元。一个月一户人家浪费 1.512 吨水，那么半年，一年呢？如果是 5 户人家，15 户人家呢？我国现在的水资源紧缺，因此，我们要珍惜水，不浪费水，如果碰到水管破裂、水龙头拧不紧的情况，要及时处理。"

上述案例中一改以往的封闭性试题，通过做实验的形式，将试题开放化，不仅检测了学生的数学计算能力，而且考查了学生的分析能力和动手能力，更重要的是培养了学生的环保意识和公民责任感。水龙头没拧紧，以前对小学生而言，可能就是小事一桩，可是通过实验结果和水价的运算，他们在这次数学"考试"中明白了更多的道理，强化了节水意识，这种数学考试收到了"一箭多雕"的效果。

5. 编辑试卷

命题不仅仅是编制试题，它还包括试卷的编辑，即根据考试的具体目标和要求，按照题目类型及难度层次的适当次序进行编辑。一般而言，在题目类型安排的次序方面，试卷编辑遵循的原则是，根据试题客观性程度的高低进行排列，客观性程度高的试题排列在前面。对于同一类型的试题，则按难易程度排列次序，较容易的在前，较难的在后，以避免从考试一开始学生就受挫，影响水平的正常发挥。就中小学测验中常用的题型来说，选择题的客观性程度最高，接下来是判断题、填空题、计算题、应用题，开放题、简答题和作文题是客观性程度最低的试题类型。在具体编辑试卷时，一般的试题排列次序是：选择题、判断题、填空题、计算题、应用题、简答题和作文题。

6. 试测

试测又叫预测，是指对初步设计出来的题目，在与将来被测对象情况相近的群体中进行试用，取得相关参数，以了解试题的性能。任何一份试卷的信度、效度和区分度都不能仅凭主观推测来判断，只有经过实际检验，才能进行确定。试测之后，要根据试测结果认真分析试题是否符合原先的意图,对于区分度高、难度适合、信度较好的试题进行保留,而对质量不高的试题要进行修改或替换,从而保证试卷的整体质量。

需要说明的是,并非所有的考试都要进行试测,如对于教师平时进行的单元测验、课堂测验,就没必要进行试测,而比较正规的大型考试则要做好试测工作。是否进行试测,教师在实践中要根据实际情况,灵活安排。

7. 编写试题的答案及评价标准

每一个试题都应有相应的参考答案和评价标准,对于客观性试题,要力求评价简便、准确,在各题的分值上,要力求科学合理。对主观性试题要采取分步评价,杜绝笼统给分的做法,以避免一点做错、全部扣分的现象。对于解法多样的试题,还必须给出可能出现的多样性答案及相应的评价标准。

8. 复查

在完成了以上各项工作以后,进入试题编制的最后一个环节,即复查试题,包括对整份试卷的复查和试题答案及评价标准的复查。在复查环节,不仅要思考每一道试题的质量、评价方法的合理性、答案的科学性等,而且要将试卷与双向细目表进行对照,研究试卷与命题计划、双向细目表的规定是否一致。对于存在的问题要及时进行修订、完善。

最后,还要将试卷指导语、答题时限、试卷页数、试题数量、试卷满分等写在试卷合适的位置。

(五) 如何评阅试卷

考试结束后,教师要根据学校有关规定与评价标准或参考答案进行评卷。评卷不仅是教师对学生答题进行评判的过程,而且是教师了解学生学习发展状况和教师教学效果的过程。评卷时教师要注意以下几个问题:

1. 及时阅卷

考试结束,绝大部分学生都很在意自己在考试中的表现,尤其是考试中碰到的难题或疑惑,很多学生希望及时知道问题的答案和自己的考试结果及在团体中的位置。为此,教师应及时阅卷,在最短时间内对学生的学习状况给予反馈,帮助学生解决学习中存在的问题;另外,让学生知道自己在团体中的位置,有利于激发学生努力上进、再接再厉的信心和勇气。

2. 规范阅卷

规范阅卷是教师阅卷的首要原则。具体来说，一是阅卷标识要规范。正确的要打"√"，错误的要打"×"，否则打半勾。二是计分要规范。要使用阿拉伯数字计正分，全题未答或全错的记零分，将正分总分计入试卷规定的地方。三是阅卷程序要规范，一份试卷最好流水评阅，以保证阅卷的公平和公正。四是阅卷标准要规范。对于主观性试题，教师要做到分层评阅，要按照"按步给分"的原则，做对一步就给一定的分数，做到给分有理、扣分有据。五是做好复查。阅卷结束后，教师要认真做好复查工作，对成绩不合格的试卷，尤其是 55—59 分的试卷要逐一进行认真、细致的复查，严防误判、漏判。

3. 认真阅卷

试卷是教师评价学生的直接依据，也是学生的劳动成果，这就要求教师阅卷时必须认真。仔细阅读每一位学生的每一题答案，杜绝出现漏批或错批现象。尤其是当学生答案与教师预定答案不一致的时候，教师更应仔细分析、认真对待，切不可断然判错。学生的异样或另类答案，既可能暴露出学生学习中存在的问题，从而成为教师改进教学的契机，同时也可能凸显出学生值得鼓励的创新思维。

4. 公平阅卷

一个班级里面，学生学习程度肯定是有差异的，在考试中的表现也是不同的。教师阅卷时，切忌带着偏爱情绪，采取双重标准。教师应坚持一视同仁、公平公正的原则，完全依照评卷标准进行评阅，不因学生学习成绩或平时表现而区别对待。

（六）如何公布考试成绩

考试成绩是否应成为学生的隐私，教师是否应公开学生的考试成绩，学校是否应按分数给学生排队等一直是人们热议和讨论的话题。客观来说，在现行教育制度下，尤其在中考、高考的压力下，分数公布一定程度上具有激励学生奋发向上的作用。但不容忽视的是，中小学生的心理调节能力还比较差，承受力还比较弱。分数的公开化，尤其是分数的排名，很容易挫伤一部分成绩不理想学生的自尊心与自信心，或增加大部分学生的压力，不利于学生身心发展。

为此，2001 年，教育部在《基础教育课程改革纲要（试行）》中明文规定："教师应对每位学生的考试情况作出具体的分析指导，不得公布学生的考试成绩并按考试成绩排列名次。"落实基础教育课程改革纲要精神，在中小学学生评价中，教师可以采取如下方式来公布学生的考试成绩：

（1）要告知家长或学生某次考试成绩比上次是否进步，以及学生在班上处于什么位置（上等、中上等、中等、中下等、下等）。

（2）公布班上成绩位于中间的一名同学的各科分数及总分，让其他同学及其家长以此为参照，来了解自己在班级中所处位置。

（3）在校园网上建立学生成绩公布平台，学生及家长可凭个人密码登录查询成绩。

（七）如何评析试卷

试卷评析是指在学生完成考试之后，教师对试卷进行解剖、分析、点评，以达到帮助学生查漏补缺、完善知识结构、提高解题能力、掌握学习规律目的的教学活动。试卷评析不仅是对过去一段教学工作的评价，也是对下一段教学工作的指导，对教学起着矫正、巩固、丰富、深化的作用。因此，搞好试卷评析在整个教学工作中十分重要。

然而实践中，很多教师重考试、轻评析，重分数、轻发展。仔细审视评析工作，可以发现其中存在的问题。

1. 重讲轻析，忽视效果

长期以来，由于我们过分强调结果性评价，因而有不少教师在评析试卷时，对于学生出现的错误，只是反复讲、满堂灌，偏重于给学生提供正确答案，而忽视了对学生解题思路、方法、步骤和技巧的分析和讲解。学生对出错的原因和以后该如何避免不甚了解，对教师提供的答案，也是只知其然，而不知其所以然。这种做法不但加重了学生学习负担，而且极不利于学生真正的进步和提高。

2. 逐一讲解，没有重点

很多教师在试卷评析时，不管学生做错或做对，不分重点，按照试卷顺序一一讲解，既浪费时间，也不利于学生真正提高。试想，学生已经会做的题目，已经掌握的知识，教师再反复讲解，学生还能接受多少？

【案例】①

师：前两天我们进行了一次数学测试，课前同学们已经进行了简单的交流。谁来说说看，觉得自己考得怎么样？

---

① 薛强：《老师，讲点我们想听的行吗？——试卷评析课的几点思考与对策》，《数学大世界》，2012年第9期。

生 1:考得很好。

生 2:考得不够理想。

······

师:老师在批改计算题时,$16 \times \frac{16}{17} + \frac{16}{17}$ 这一题出现了很多种做法。

出示三种做法

(1) $16 \times \dfrac{16}{17} + \dfrac{16}{17}$

       $= \dfrac{256}{17} + \dfrac{16}{17}$

       $= \dfrac{272}{17}$

(2) $16 \times \dfrac{16}{17} + \dfrac{16}{17}$

       $= 16 \times \dfrac{16}{17} + \dfrac{16}{17} \times 1$

       $= (16 + 1) \times \dfrac{16}{17}$

       $= 1 \times \dfrac{16}{17}$

       $= \dfrac{16}{17}$

(3) $16 \times \dfrac{16}{17} + \dfrac{16}{17}$

       $= 17 \times \dfrac{16}{17}$

       $= 16$

师:看了这几种方法你有什么想法?

生 1:第 1 题,他没有采用简便计算,第 2 题"16 + 1"加错了。

生 2:我认为前两题都不对,最后一题是对的。

生 3:我觉得第 3 题似乎太简单了点。

师:还有什么想说的吗?

生:老师,你能讲点我们想听的吗?

师:你这是什么意思?

生:老师,这道题目,全班就 4 个人错,你完全可以讲其他题目啊!这几个人可以利用其他时间教教他们的。

显然,案例中的教师在进行试卷评析之前并没有对全班同学的试卷进行全面分析,学生试卷出现的错误主要有哪些?哪些题目失分较多?这些都没有进行调查分析,导致教师评析试卷时的随意性和盲目性。

3. 教师为主,学生缺位

受传统教育观念的影响,很多教师在教育教学中总喜欢以主宰者的身份独霸整个课堂,尤其是看到学生在考试中出错的时候,很多教师更是大权独揽、一讲到底。整个评析过程,学生严重缺位。自己错在哪里,为什么错,应该如何改正,学生都没有机会去思考和探讨,这样的评析效果可想而知。结果是尽管教师付出了很大的努力,到头来却是事倍功半、收效甚微。

4. 批评奚落,评析变味

当看到学生犯的错误,尤其是之前教师反复讲过,而学生又没做对的试题,不少教师更多的是批评和奚落,甚至嘲讽,整个试卷评析过程变成了教师对学生的批斗会。这样不但不利于学生学习水平的提高,而且伤及学生的自尊和自信。

试卷评析并不是一项简单、随意的工作,做好试卷评析,教师要做好以下几方面工作。

(1)做好统计,有的放矢

试卷统计、分析是试卷评析的第一个环节,教师应做好分析报告,为课堂讲评提供充足的证据,保证评析的针对性。对于客观题,可以将每一道题的情况输入电脑,利用 Excel 的计算功能得出每小题的平均分、难度。这样,哪些题目该讲,哪些题目不必讲,哪些是重点,哪些是难点,就可一目了然。对于主观题,主要是对学生在考试过程当中出现的问题进行归类,以便在讲评时能够分清轻重缓急,避免抓不住重点,分不清主次。

(2)重点讲评,个别辅导

考试中学生出的错有的是共性的,有的是个性的。如果教师每题都讲、见错就谈,学生积极性不高,效果也难以保证。教师可以按照试卷考查的知识点,根据试卷统计所得的数据,对大多数学生犯的共性错误适当进行归类评析,找出错误之关键,有的放矢,重点讲解。

对于少数或个别学生出现的错误或存在的问题,教师可以通过个别辅导来解决。这部分学生往往学习基础相对较差,他们常常有自卑心理,教师应给予更多的关心,主动询问他们还有什么疑问,并及时耐心解答。教师还要要求他们每人准备一个"错题本",专门记录曾经做错的题目,包括错在哪里、如何正确求解等等,便于今后回过头温故知新,避免再犯类似的错误。此外,教师还要鼓励这些学生,让他们真正感受到教师的关爱,树立起好好学习、考出好成绩的信心。个别辅导既可以在试卷讲评之后进行,也可以在课外进行。

(3)抛开结果,关注过程

不管学生在学习中犯什么样的错误,都说明学生的认知能力、思维水平、学习方法、学习习惯等方面还存在问题。为此,教师必须抛开结果,追根溯源,加强对学生答题过程的引导,注重对学生出错原因的分析以及对学生答题思路的指导和解题方法的纠正,真正培养和提高学生的认知能力、思维水平,完善学生的学习方法和学习习惯。

(4)善于表扬,重在发展

考试中,有考得好的,但肯定也有成绩不尽如人意的。对于考得不好的学生,教师要通过前面收集到的信息,努力去发现、肯定他们的进步,满足他们的自尊心,给予他们上进的信心和勇气。

评析是考试的继续,是教学的升华。教师要充分发挥考试的教育功能、促进功能和发展功能,尤其是学生在答题中暴露出来的问题或错误,教师更应把此当作是教育教学的契机,而不是批评、打击,甚至挖苦学生的借口。正是学生在考试中出现的错误或存在的不足,才使教师发现了自己教学中存在的不足和努力的方向。因而,教师切忌把试卷评析课上成批评课、牢骚课,甚至问难课。如此,只会打击学生的自信心,压抑学生的上进心,有时甚至使学生和教师产生对立情绪,影响师生情感,造成难以想象的不良后果。

(5)发挥自主,加强自评

学生考试中出错,不一定都是由于认知能力造成的,其中有很多是由于粗心、不认真导致的,尤其是低年级学生。实践中,教师却往往忽视这一点,总把学生分数低一股脑归结于学生认知能力存在问题。教师必须改变这种做法,让学生参与到试卷评析中来,由每个学生对自己的试卷进行分析,引导学生认真总结,分析自己考试中存在的问题,让学生明晰自己分数不高的原因,是学习习惯、学习态度、考试失误,还是学习能力。只有这样,才能真正唤起学生的学习责任、兴趣和热情,同时也有助于

培养学生分析、归纳、评价的能力。为保证学生评析的效果,教师可以采取如下方法:

① 让学生填写个人的试卷统计表(如表 4-2),目的是使学生将所学知识与试题进行直观的分析、比对、归纳。

表 4-2　个人试卷统计表

题号	✓ / ×	错误类型	原因分析
1			
2			
3			

② 写出个人心得体会,可根据下列问题进行思考。

● 通过这次考试,你认为在上一段的学习中,哪些内容已经掌握? 哪些内容还没有掌握? 具体的问题及原因是什么?

● 你认为这次考试哪一题难? 难在何处? 哪一题具有综合性? 综合了哪些知识?

● 你认为这次考试没有考好的原因是什么?

● 这次考试你有什么收获? 对老师有什么要求?

【案例】

某位老师在试卷评析课上,主要采取下列措施让学生成为评析的主体:

1. 请各位学生对自己的考试过程作"五星级评价"。

"五星级评价"的标准是:(1)静心星(态度端正、全力以赴、认真答卷、自始至终);(2)细心星(能细心审题和解题);(3)习惯星(本次针对如何合理有效地使用草稿纸这一情况设置);(4)检验星(答完卷后能认真检验);(5)成绩星(达到自己的目标和考试有进步的均可得星)。

说明:(1)每次评星标准在考试前加以说明,以利于学生积极争取;(2)每次评星标准应该根据学生的实际情况作调整。

自主评价"得星"情况如下:

静心星	细心星	习惯星	检验星	成绩星
36	11	42	27	18

至此，教师要求学生根据自主评价"得星"情况说说自己的感受和看法：

生1：我想说，我们一定要养成细心审题、细心解题的好习惯。

生2：我们得检验星的同学不多，要知道认真检验是我们取得好成绩的有力保障。

生3：这次考试时我一直在担心时间够不够，所以没能静下心来考试，大家要吸取我的教训。

生4：前面四颗星得到了，成绩星也会得到的。

2. 请各位学生对自己的考试解题情况做客观评价，主要包括：(1)比较好的一面；(2)有待提高与改进的一面。

师：这次考试中，很多同学总结了不少好的经验和方法，有谁愿意说出来，让我们一起分享你的成功之道？

生1：在做选择题中的"什么样的平面图才能折成正方体"这一题时，我有点疑惑，后来在检验时我按照题目快速画好平面图，动手折一折后确定了正确答案。

生2：以前我做题时，总是审题不清，这次我在解题时用笔圈出了题目中的注意点，这样正确率高多了。

生3：解最后一道应用题时我一开始怎么也看不懂题目的意思，后来我试着把题目中的条件用线段图画出来，最终我成功了。

生4：我在解题时碰到不明白的，就举个例子帮助自己思考，我觉得这种方法还真管用。

在学生就这次考试成功之处进行了自主评价后，教师又让他们总结一下有待改进和提高的地方，学生们又纷纷说出了自己的感受。

师：这次考试下来，我知道好多同学都有许多遗憾甚至后悔的地方，哪位同学有勇气说出来，让自己和大家都引以为戒呢？

生1：我很后悔在做填空题时，题目看了一大半，以为就是做过的那一种题，后面的题目没仔细看就开始解答了。试卷发下来才知道题目意思都搞错了。

师：不认真审题，想当然地解题必定要失败。你说呢？

生2：应用题第2题我把"现在"和"原来"看倒了，真后悔。

生3：求圆锥的体积时，我只用了底面积乘高，漏乘了$\frac{1}{3}$。

案例中，教师通过"夸夸我自己"的形式让学生说出自己的失误和经验。教师随即把他们的好方法提炼后板书出来。此时"别人的成功经验"必定会对全班学生有所启示。同时，教师也给予了考试中有遗憾或方法失误的同学提供平等真诚的交流机会，让他们在全班同学面前说出自己的"遗憾"和"后悔"的经历，相信这种体验会深深影响他们今后的学习。而且，全班同学共享成功和失败，也会让班级的"集体味"更浓，学生的友谊更深。

二、表现性评价

（一）表现性评价的含义

表现性评价也叫真实性评价、替代性评价，是 20 世纪 90 年代早期在美国兴起的一种新的教育评价方法，指的是通过对学生自己创建的问题答案和展示的作品，对学生的知识、技能发展水平作出判断的方法。

与传统的纸笔测验不同，表现性评价的焦点从学生"知道什么"转向学生"能做什么"，强调是否会做，而非是否知道。它不像对事实性知识的简单测试，评价题目很少有唯一正确的或最佳的答案，而是强调通过学生完成实际任务，评价学生的发展。表现性评价体现了过程评价、质性评价、非学业成就评价等最新评价理念。

（二）表现性评价的特点

表现性评价是在对传统评价方法进行批判的基础上形成的，与其他传统评价方法相比，可以得知表现性评价的特点。

表 4 - 3　各种评价方式的比较①

评价方式	表现性评价	客观性测验	论文测验
目标	评定将知识和理解转换成行动的能力	评定识记知识的能力	评定思考技能或知识结构的精熟度
学生的反应	计划建立和传送原始反应	阅读、评价和选择	组织、写作
优点	提供表现技能充分的证据	有效率——能在同一时间内进行多个测验试题的施测	可以评定较复杂的认知成果
对学习的影响	强调在相关的问题背景情况下,使用现成技能和知识	过分强调记忆,如妥善编制,亦可测量到思维技能	激励思考和写作技能的发展

表 4 - 4　纸笔测验和表现性评价的特点比较②

纸笔测验		表现性评价	
选择型试题	补充型试题	限制型表现	扩展型表现
低	←———————— 任务的真实性	————————→	高
低	←———————— 任务的复杂性	————————→	高
低	←———————— 需要的时间	————————→	高
低	←———————— 评价的主观性	————————→	高

通过分析表现性评价与其他评价方法的不同,可以发现表现性评价具有如下特点:

1. 侧重于评价学生的实际操作能力

传统的纸笔测验主要评价学生"知道什么",侧重于知识的掌握,而表现性评价主要评价学生"能做什么",侧重于学生运用知识的能力和实际操作能力。

2. 能更真实地考查学生的发展水平

表现性评价通过学生的实际表现进行评价,能更直接、更真实地反映学生的真实发展水平。

3. 有利于学生创造性的发挥

表现性评价不同于传统的纸笔测验,它没有预设的答案,其目的在于了解学生知

---

① 唐晓杰等编著:《课堂教学与学习成效评价》,广西教育出版社 2000 年版,第 112 页。
② 唐晓杰等编著:《课堂教学与学习成效评价》,广西教育出版社 2000 年版,第 113 页。

道了什么,能做什么,而不是追究学生不知道什么,不能做什么。学生可以不受他人限制,根据自己的知识基础、发展水平、个性特点来建构自己认为理想的答案。因此,表现性评价为学生的创造思维和创造能力提供了较大的空间。

4. 实施过程复杂

从整个评价过程而言,表现性评价对人力、物力的要求比较高,时间比较长,实施起来比较复杂。

(三) 表现性任务的类型

表现性任务是教师为了了解学生某一领域发展水平而特别设计或制订的学习任务,是实施表现性评价的主要工具。表现性任务既可以是一项研究性作业,也可以是一项综合实践活动;既可以是文本的,也可以是实物的、表演的或口头的。采用哪一种表现性任务,要根据评价目的、学生发展的需要和学校实际来决定。

一般来说,中小学教学中常用的表现性任务有:

1. 结构性表现测验

结构性表现测验可以是纸笔测验,也可以是非纸笔测验。需要说明的是,尽管是纸笔测验,但表现性评价中的纸笔测验不同于传统的纸笔测验,传统的纸笔测验目的在于检测学生的知识掌握程度,而表现性评价中的纸笔测验目的在于检测学生对知识的应用。在表现性评价的纸笔测验中,表现性任务一般以"设计"、"构建"、"创作"等作为题目要求,如设计一个电路图、旅游图,构建一个设想,创作一幅作品等。

非纸笔测验表现性任务是指要求学生运用其他器具去完成一定的任务,如要求学生进行实验操作、演示实验步骤等。

2. 口头表述

口头表述类的表现性任务能够反映和培养学生的口头表达能力、思维逻辑能力、随机应变能力、情绪掌控能力等等,如课堂提问、演讲、辩论、朗诵等都属于此类。

3. 模拟表现

模拟表现是根据教育教学的需要,学生在模拟的真实情境中,通过角色扮演等所表现出来的一系列行为。例如,设立模拟法庭、学生扮演法官等进行法庭审判、进行商品洽谈会等。

【案例】

下面是一教师在讲授《Family lives》一课时设计的表现性评价：

（一）评价设计

评价形式：以小组合作为基础，要求学生扮演孩子、父亲、母亲等家庭角色，演绎家庭一天的生活模式。

情境创设：模拟家庭环境，将教室布置成家庭的模样，用桌椅分割出厨房、客厅、卧室等成员活动场所。

具体要求：①课前准备：以合作小组为单位，布置教室，准备图片或实物，熟记涉及的常用句型和英语词汇。这一环节评价学生的合作精神、信息处理能力、分析问题和解决问题的能力以及面对困难的情感和态度等。②现实任务：小组成员对家庭生活的一天进行演绎，这一环节评价学生的合作精神、语言表达能力、进取精神、应变能力和与人沟通能力等。

（二）评价标准

要求学生掌握的词汇有 pocket money, teenager, spend, seldom, latest, disturb, responsibility, whole, useful, expect, last, family tree, receive, afford, therefore, electrical 和短语 after all, at the bottom of, make it, make the decisions, aged 14, a generous amount of, the latest fashions, look after, expect things for nothing 等。每个学生都能充分运用所学的知识，在模拟环境中得到锻炼，不同程度地展示他们在与人共处和沟通方面的能力以及努力学习的态度。

具体评价内容和指标见表4-5：

表4-5 评价标准表

序号	评价内容		比重（%）	分数			评语	
				自评	互评	师评	自评	互评
1	仪表举止	仪容仪表整洁，举止大方得体	5					
2	态度	待人友善、热情有礼	5					
		面对困难有锲而不舍的精神	5					

序号	评价内容		比重（%）	分数			评语	
				自评	互评	师评	自评	互评
3	责任心	准备充分、认真负责	5					
4	合作精神	积极参加组内活动，并提出有建设性的意见	10					
		虚心听取别人的意见，并积极采纳	10					
5	语言运用能力	善于运用基本的英语礼貌用语	5					
		熟练运用家庭常用语，表达能力强	10					
		语音语调准确，语言基本功扎实	5					
		思维敏捷，思路清晰，逻辑能力强	10					
		语言表达流畅，语言运用能力强	10					
		灵活运用多种表达方式，知识面广	10					
6	其他技能	履行家庭成员职责，完成分内职责	5					
		巧妙处理问题，应变能力强	5					

英语教学向来注重听、说、读、写。传统的学业成就测验不能充分体现学生综合运用知识的能力，而表现性评价能做到让学生在模拟的工作环境中多听多说，在实践中练习从而达到熟练运用学到的单词和语法，锻炼他们的听力、口头表达能力、应变能力和合作精神等，很符合英语教学的需要。案例中教师通过设置模拟情境，让学生进行角色扮演，观察学生在实际活动中"做"的表现，来评价学生对单词掌握的情况和运用词组、句型的程度。情境模拟表现任务，不但调动了学生的主体性、积极性与参与性，而且从评价内容来说，除了检测学生对词汇、词组和句型的掌握和运用，还对学生的合

作精神、沟通能力、信息处理能力、应变能力、分析问题和解决问题的能力以及面对困难的情感和态度进行了考查,从而激励和促进学生全面发展。

4. 实验或调查

实验或调查是通过实地调查、问卷调查和实验室实验等形式,让学生通过自己的直接感知去了解和体验事物的发生、发展或揭示事物发展的规律、现象背后的本质等。通过实验或调查类表现性任务,可以促进学生操作能力、分析能力及创新能力的发展,例如让学生去调查某一地区水污染的情况、原因及解决办法。实验或调查常应用于自然和社会学科。

【案例】①

小学科学任务

评价任务:当一滴水被放在七种不同类型的建筑材料上时,会发生什么现象。

说明:这些材料被密封在一个塑料袋里,对于这一任务,同学们需要仔细观察,记录结果,并且需要通过预测来应用他们所学的知识。

(一)实施活动

1. 在每种材料上放一滴水。

(二)记录结果

2. 仔细观察,你看见了什么? 写下每种材料上发生的情况。

A. 塑料,什么也没发生

B. 油漆过的木头,什么也没发生

C. 砖,水消失了

D. 金属,水变成了一个环

E. 屋顶板,水消失了

F. 玻璃,水还是原来的样子

3. 现在用你的放大镜仔细观察每种材料。

4. 仔细观察塑料袋子里的材料,不要打开袋子。

5. 当你把一滴水放在这一材料上时,你认为将会发生什么?

---

① 转引自王海芳:《学生发展性评价的操作与案例》,中国轻工业出版社 2006 年版,第 137 页。

（三）提出假设

水消失了是因为水浸透了这些材料。

6. 写下你认为会发生这种现象的原因。

水消失了是因为水浸透了砖和屋顶板,这一材料是用同样的物质做成。

5. 作品创作

例如让学生创作一首诗歌、谱写一首曲子、制作一件东西等。完成这类任务,需要学生不仅拥有相应的知识和技能,而且拥有较强的表现欲望、丰富的想象力以及标新立异的创新精神。

6. 项目研究

项目即根据教学内容的需要,让学生围绕一定的主题、运用多种科学研究方法开展研究。这类任务非常接近于科学研究活动,是对科学家的科学研究活动的模拟,甚至有时就是真实科学研究活动的一部分。所以,这类任务的测查可以较为充分而全面地反映出学生运用知识的能力、科学探究能力以及学生的科学精神、科学态度、科学方法等方面的发展状况。根据完成任务的复杂程度和难度,研究项目可以分为个人项目、小组项目、个人-小组项目和扩展型项目。

【案例】①

历史调查

近年来出现了对克利斯多弗·哥伦布地位的争议。他是不是英雄? 我们在学习"哥伦布"时,可以阅读到不同历史学家用不同的观点来写哥伦布"发现新大陆"和建立领地的文章。在合作小组里,选择至少两种相反观点的材料,讨论它们的矛盾之处,并用可获得的资源寻求解释历史学家以不同观点报道这个历史事件的理由。小组要向全班解释为什么历史学家会对同一事件有着不同的结论。而且,你的小组要向全班提供解决矛盾的办法。

小组活动的结果可以是向全班呈现一个改编的剧本,也可以是模仿专家讨论和辩论。

项目自今日起三周内结束。每周五由一个小组成员向全班汇报项目的

---

① 唐晓杰等编著:《课堂教学与学习成效评价》,广西教育出版社 2000 年版,第 137 页。

进展情况、进行过程中的问题以及下一周的计划。

评价标准

社会学习内容标准

1. 你对记录的历史受到历史学家观点影响的认识。

2. 你对关于哥伦布的发现和建立"新世界"领地一系列事件的认识。

复杂的思维标准：历史调查

3. 对过去事件的不确定或矛盾进行辨别和解释的能力。

4. 为有逻辑的、合乎情理的解决办法进行辩护的能力。

有效交流标准

5. 为各种目的进行有效交流的能力。

6. 以各种方式进行交流的能力。

合作标准

7. 与组内所有同学一起工作，成功完成项目的能力。

8. 为向班级呈现研究而出主意、提供资源的能力。

9. 做多种工作帮小组出色完成项目的能力。

（四）实施表现性评价的环节

一般来说，表现性评价的实施包括确立评价目标、设计表现性任务、制订评价标准、实施评价、评价后的反思等几个环节。

1. 确立评价目标

确立评价目标是实施评价的首要环节。表现性评价目标需要确定考查的知识、能力和情感态度倾向，特别是技能性目标。普遍意义上来说，确立评价目标，应考虑学科特点、课程标准、教学内容及学生实际情况等因素。学科不同，具体评价目标也是不一样的，如物理、化学、生物等理科学科在表现性评价中更多应考察学生的逻辑能力、动手操作能力、运用知识解决问题的能力，而英语和语文更多应考察学生运用语言的能力。

2. 设计表现性任务

从原则上来说，设计的任务必须以学生为中心，既要遵循知识的内在联系，又要关注学情,这样才能反馈有效的教学信息。从性质上来说,设计的任务是能让学生运用知识、解决问题、拓展能力的任务。如果设计的表现性任务根本不能为学生提供运用知识、解决问题、发挥能力的机会和空间,表现性评价的效度将大打折扣。同时,还要考虑表现性任务的可行性、趣味性、挑战性、典型性和实效性,以使学生能够体验各种学习方式和思维过程,并确保评价目标的实现。

表现性任务不应仅局限于课堂和学校,根据需要,可以拓展到校外,以加强学生和社会实践的联系,使学生有更多机会展示自己的知识、技能,提高学生的实践能力和创造能力。

3. 确定评价指标

表现性评价的评价指标要紧紧围绕学生的"表现"。从内容上来说,评价指标要着重从学生"表现意愿"和"表现能力"两个方面加以考虑;从范围上来说,评价指标要兼顾学生"表现过程"和"表现结果"。评价要点不仅在内容上要涵盖知识与技能、过程与方法、情感、态度与价值观等方面,而且要贯穿于学生整个表现活动的过程,为学生创设乐于表现和敢于表现的空间。

对于不同类型的表现性任务,教师一定要认真分析,了解构成表现成果的每个细节行为是什么,将关键的表现行为列出,以便进行观察和判断。此外,还要根据表现性任务的特点,来确定评价标准,并研制每一个标准的评价等级量表,包括表现性评价的内容、行为目标和表现水平标准,以做到评价有据可依,有纲可循。

【案例】①

下面是一教师对初一生物《人类活动对生物圈的影响》(人教版)的表现性评价设计:

评价目标:

《人类活动对生物圈的影响》旨在让学生了解人类活动对生物圈正、反两个方面的影响,探究人类活动造成的污染对生物的影响,积极参与生态保护活动。教材在编写上并不是向学生介绍多少环境保护知识,而是特别注重体现技能方面的目标,以及体现情感态度和价值观方面的目标。因而本章的表

---

① 叶本刚:《初中生物表现性评价案例——以〈人类活动对生物圈的影响〉为例》,《福建教学研究》,2013 年第 2 期。

现性评价注重活动过程,通过学生调查分析、汇报的过程,对学生从小组合作、资料分析运用、思维能力、表达能力等方面进行综合评价。

表现性任务:

通过《人类活动对生物圈的影响》的学习,学生们了解到人类在改善生态环境方面取得了辉煌成果,但是人类的活动也会破坏生态环境,对生物圈产生不利的影响,这更应该引起关注。本次表现性评价的任务是:学生们根据人类活动对生物圈的影响,自由组合分组(每组4—5人)自选题目,查找资料,完成课件并在课堂上汇报。

评分规则:

通过生物教研组的共同研究,大家认为《人类活动对生物圈的影响》这章对学生记忆性的知识要求不高,侧重于学生爱护环境、保护环境等情感态度价值观的构建上,适当给学生开放性的课题,让学生自己动手查找资料、调查研究、小组合作、课堂演讲,将会促进学生综合能力的培养,表现性任务的评分规则应当针对以下四方面进行:主题与内容、课件展示、演讲效果、小组合作情况,我们讨论后制订出评分标准(见表4-6)。评价成绩总分100分,分为优秀、良好、及格、不及格四个等级。小组展示时,全班同学对他们按四个维度打分并填写在评分表上(不含自己所在的小组),小组成员对自己的小组进行小组自评,小组成绩包括小组自评、其他同学评价(取全班平均分)、教师评价。

表4-6 评分标准表

评价指标	优秀	良好	及格	不及格
主题与内容	演讲主题鲜明,内容充实,资料丰富(25—30分)	演讲主题鲜明,内容较充实,内容基本为主题服务(20—24分)	有明确的主题,有一定的内容,内容部分证明主题(10—20分)	主题不明确,内容不充分,不能适当证明主题(0—10分)
课件展示	课件精彩,图文并茂,有感染力(25—30分)	课件内容丰富,有一定的说服力(20—24分)	课件有一定内容,精彩程度需提高(10—20分)	课件内容不充分,没有图文并茂(0—10分)
演讲效果	演讲层次分明,声音洪亮,有感召力(15—20分)	演讲有一定层次,有一定效果(10—15分)	能完成演讲,声音不是很大(5—15分)	声音太小,只是读PPT内容或者不能演讲(0—5分)

评价指标	优秀	良好	及格	不及格
小组合作	小组分工明确，合作有效，展示小组合力（15—20分）	小组有分工，演讲能体现小组合作（10—15分）	小组有一定分工，个别组员没有完成（5—10分）	没有分工或没有构成小组（0—5分）
总评				

注：上述四项单独评分（按"优秀、良好、及格、不及格"四个等级评分），互不影响。总分85—100分，总评为"优秀"；总分70—84分，总评为"良好"；总分60—69分，总评为"及格"；总分60分以下，总评为"不及格"。

4. 收集表现信息

科学、合理、全面地收集信息是表现性评价的一个关键环节。在这一过程中，教师要利用各种方法和手段，对学生的实际行为表现进行仔细观察和记录，为评价学生获得有力证据。

5. 实施评价

对学生表现进行评定，可采用整体评价法和分析评价法两种。所谓整体评价法就是以对学生表现的整体印象作为评价的基础，综合考虑所有的评价准则，然后对学生的学习过程和学业成果的质量水平进行全面的、一次性判断，而不考虑构成整体的个别细节部分；分析评价法则是指根据描述性的质量等级和每个评价准则，对学生表现的每个细节或对构成每件作品、成果的每个重要细节分别进行分析，然后综合逐项评价的结果。

整体评价法和分析评价法各具有不同的功能，整体评价法有利于掌握学生的整体发展情况，而分析评价法则有利于发现学生某一方面取得的进步及存在的问题。整体来说，整体评价法比较笼统，注重全局，而对细节有所忽略；而分析评价法比较具体，但有时候不利于把握学生发展的整体情况。因此，在具体的运用过程中，教师要根据具体的评价目标来灵活运用。如果教师要做的只是一般性决定，是为了对学生的整体发展情况进行鉴定，使用整体评价法较为恰当。相反，如果教师是为了了解学生学习过程中取得的进步及存在的问题，则用分析评价法比较好。

6. 对评价结果的反思

评价完毕并不意味着评价的结束。评价的最终目标是为了促使学生总结经验、吸取教训、扬长避短、不断进取。因此，教师还必须引导学生在评价中反思自己的得失，了解自己的不足,及时调整自己的学习行为。同时,教师也要从表现性评价中反思自己教学中存在的不足,以便改进自己的教学,从而实现评价促进发展的最终目的。

表现性评价与其他质性评价方法一样,可以在一定程度上克服传统考试法产生的消极影响,如能通过学生外在的、可观察的行为表现或学业成果来判断学生对知识的理解和运用,有助于教师更真实地了解学生的发展水平。但由于表现性评价是基于标准的一种质性评价方式,相对其他评价方法,它的信度和公平性更多地受到人们质疑。这就要求我们在使用表现性评价时,要科学设计表现性任务,敏锐、客观地收集信息,确定合理的评价指标,最大程度提高评价结果的可靠性,以保证表现性评价的信度和效度。

三、终结性评价结果的呈现

评价结果的呈现,不仅具有告知的功能,而且具有教育功能。一般来讲,评价结果的呈现有定性、定量、定性与定量相结合三类方式。

新课程倡导的学生评价,不仅要关注学生学习的结果,更要关注他们学习的过程;不仅要关注学生学习的水平,更要关注他们在学习活动中所表现出来的情感与态度,帮助学生认识自我、建立信心。我们不仅应从多视角、多层面、多方式去评价学生,而且要从多维度去呈现评价结果,综合运用分数制、等级制、评语制、成绩曲线图等多种评价结果呈现方式,以保证评价的整体功能。不同的呈现方式具有不同的功能,教师应根据评价目的、学科特点和学生的具体情况灵活运用。

(一) 分数制

所谓分数制,指的是根据试卷中每道试题规定的分值,按照评价标准对学生的答案给予相应的分数,然后对学生整张试卷给出一个总分。分数制是我国中小学用得最多的一种评价结果呈现方式。

作为一种量化的评价方式,分数制具有操作简单、过程客观、结果精确等特点,对激发学生的学习热情、培养他们的竞争意识有一定的积极作用。但分数制也有其难以克服的缺点,如难以准确、全面反映学生的发展状况、容易给学生和家长带来不必要的心理压力、不能提供全面的教学反馈信息等。为避免分数制的消极影响,确保其正向功能的充分发挥,运用分数制时应努力做到以尊重学生为前提,以激励学生为手段,以促进学生发展为目的。

1. 以尊重学生为前提

学生分数只代表学生在某一学科、某一领域、某一阶段的发展水平,并不代表学生的全部。教师要就事论事,就分论分,一定不能把分数和学生整个人的发展混到一起,以分数奚落、挖苦学生,而应尊重学生的分数,更应尊重学生的人格。正如著名教育家苏霍姆林斯基指出:"不应当把知识的评定作为某种孤立的东西从教育过程中分离出来。只有当教师和儿童之间的关系建立在互相信任和怀有好意的基础上时,评价才能成为促使学生进行积极的脑力劳动的刺激物。"教师在给学生打分时,首先应体现对学生的尊重和信任。

【案例】①

"哎呀!"

上三年级时,由于中途转学,我的功课落下了不少。加上口音与班上的同学不同,在集体里很孤独,小小的心便觉得很痛苦,每天提心吊胆地上课、写作业。尽管我很努力,但我的成绩仍然很糟,特别是数学应用更像一团麻塞在我的脑袋里。不久,便迎来了一次教学测验,拿到卷子后,我像生了病似的,头晕眼花,也不知怎样答完的试卷。卷子收走后,我发现自己的手心汗津津的。

从那天起,那份试卷如一枚钉子钉在了我的心上,那肯定是一个糟糕透顶的分数,我甚至想象出了老师批阅卷子时皱着眉头的样子,仿佛看到了卷面上那红红的大叉子,仿佛听到了同学们怪异的笑声,敏感的心有些不堪重负。

但事情的发展并没有我想象的那样复杂,一个星期里老师甚至没有提到过测验的事。我自己竟也有了将要渐渐淡忘了那份卷子的感觉。在一个阳

---

① 杨立红:《"哎呀!"》,《少年儿童研究》,1998年第3期,有改动。

光明媚的上午,老师在讲完课后,仿佛很不经意似地说:"卷子我判完了,现在发下去。"我的心一下提到了嗓子眼儿,手心又出汗了。老师点着同学的名字,一张一张地发下了试卷。他没有念分,脸上的表情很平和安详。有的同学拿回卷子时脸上像开了花,有的不停地扮鬼脸。大家由各自的表情猜测着别人的分数。老师叫到了我,我的心紧张极了,跌跌撞撞地走到讲台边,低着头拿过卷子,把它对折上,快速地回到座位上,脸在发烧,心在怦怦地跳。我转过身去,偷偷地打开试卷,看着看着,我不好意思地笑了。

在我那份糟糕的卷子上,老师没有打分,只写了这样两个字——"哎呀!"以一个十岁小女孩敏感的心,我体会出了老师的心意:这是老师感到意外,不相信我会这样;老师在给我机会,在用这样一个善意的玩笑似的方式期待着我的努力。从那一刻起,我决心把落下的功课补上。一个月后的又一次数学测验,我得了满分。

案例中教师面对学生的糟糕表现,并没有以分数来加以评判,简简单单两个字"哎呀",胜过了千言万语,既有教师对学生表现的意外,也有教师对学生的信任,更有教师对学生的尊重。试想如果教师以分数的形式评判学生的表现,分数给学生带来的肯定是打击和挫伤,学生可能会从此灰心丧气,一蹶不振。还有,案例中教师发试卷时,并不念分,表明教师并没有把学生的分数当作惩治学生的撒手锏,而是把分数当作了学生的一个隐私,体现了教师对学生及对学生分数的尊重。

2. 以激励学生为手段

【案例】①

我和数字有个约会

那年我不太情愿地接手了一个六年级的班,因为这个班历来学习成绩差,班风班纪令人头疼。但在学校领导的鼓励下,我还是欣然答应了。我清楚地记得刚开学的第一次测试,有一位叫曹梅的同学考了 58 分。当时我很生气,把她叫到办公室,原想狠狠地批评她一顿,因为全班只有她不及格,而且平时在课堂上她也不认真听讲。曹梅站在那儿,没等我开口,她的眼泪就流了下来。见此情景,我也不忍心训她了,转而心平气和地问:"你以前能考多少分?"

---

① 王振元:《我和数字有个约会》,《小学教学设计(英语)》,2013 年第 4 期,有改动。

"不及格!"声音低得像蚊子叫一样。"那老师给你讲一下练习,然后你再做。老师会把你两次的分数给平均一下,算作你的分数,如何?"她点了点头。我耐心地给她讲了一遍,她听得非常认真,重做后考了82分,虽然分数还不是很高,但是我已经很满意了,毕竟她有进步了。于是,我在她的试卷上打上了分数:70。

过了一段时间,为了检测学生的中期学习情况,我进行了第二次测试。这一次曹梅竟然考了88分,而全班同学只有两位同学考得比她高。为此我在班上特意表扬了她,并让她为全班做了一次主题为《我的英语进步路》的介绍。她把自己的学习方法介绍给了全班同学,大家很受启发。下课后,我把她叫到办公室再次表扬了她,并写了一张贺卡给她,上面写了这样一句话:加油,争取实现更大的跨越。记住:只要努力,就会成功!记住我们的约定:58—88—____。第二天,她也给我写了一张纸条:老师,我会努力的,争取58—88—100,并在旁边画上了一个胜利的手势。

期末考试的时候,曹梅用行动又一次证明了自己,考了全年级最高99分。我第一时间打电话给她,她听了之后,激动之余有点遗憾,因为虽然考了最高分,但是离我们的约定还差1分。但58—88—99,这一串特殊的数字,已经让我感到很欣慰,不仅为曹梅,更为我自己当时面对曹梅58分时的宽容和智慧,假如我当时劈头盖脸、冷嘲热讽地把曹梅给批评一通,想必肯定不会是现在的结果。

案例中的教师面对学生曹梅学期初的58分,并没有批评,更没有奚落,而是耐心帮她查漏补缺,并且给了她重新证明自己的机会。对曹梅来说,教师给予自己的不仅仅是知识和分数,更多是教师对自己的信任、希冀和要求。曹梅之所以能从学期初的58分,到学期中的88分,再到学期末的99分,不仅是自己努力的结果,更是教师利用分数不断激励的结果。

3. 以促进学生发展为目的

【案例】①

在一次数学单元检测中,全班只有庄文涛同学一人不及格,得了46分。由于时间关系,在试卷分析讲评之后,我让其他同学订正,将一张空白试卷给庄文涛带回去重考。第二天我对他的重考试卷进行了面批,只有一道判断题

---

① 曹慧:《他究竟该得多少分》,《江苏教育》,2006年第7期。

他还不理解,经我讲解终于明白了。他得了98分,非常高兴。谁知周围同学对他冷嘲热讽,并认为老师偏心,重考不该给他这么高的分。庄文涛哭了。在这种情况下,我利用晨会在班上展开了一次"他究竟该得多少分"为主题的讨论。

开始大部分人认为应该算第一次成绩,理由是46分是庄文涛自己真正考出的成绩,而第二次他是在家考的,不一定是自己做的,有可能是家里人教他的,而且用的时间也可能超时了。甚至有人不服气:"如果老师给我补考,我还能考100分呢!"认为算他98分不公平。只有一人认为可以算第二次成绩,理由是不管庄文涛用了多长时间,是谁教他的,反正这些题他都会做了,说明他进步了。我赞扬了这位同学的善良与宽容。

也有同学提出可以算两次的平均成绩。平均数刚刚学过,我及时表扬他们活学活用,并让全班同学算一算庄文涛两次考试的平均分。

我让庄文涛自己发表意见,他保证今后一定好好学习,争取下次考到90分以上。

"分数并不重要,考试也不是目的。其实,在老师的心目中,庄文涛同学应该得的不是46分,不是98分,也不是72分,而是——"我转身在黑板上写了一个大大的"100"。

"当然,这100分不光属于庄文涛,也属于你们每一个人。因为不管是订正的还是重考的,这张试卷上的内容你们都掌握了。不仅如此,更可贵的是你们还学会了理解与宽容,懂得了友爱与尊重。"

每个同学的脸上都露出了满意的笑容。

考试是手段,并不是目的,分数是符号,并不是标签。案例中的教师并没有把分数看成唯一,也没有因庄文涛分数低而给其定性、贴标签,而是把促进学生发展放在了首位,通过给予庄文涛重考机会,使他掌握了考试内容,提高了学习发展水平,同时该教师还把庄文涛当成了不断发展的人,根据庄文涛重考的实际情况,毫不犹豫地给了他98分,而没有对他第一次考试的表现斤斤计较。

其他同学对教师给庄文涛同学重考分数所引发的争议,教师并没有批评他们,而是以此为契机,通过主题晨会就此展开讨论,使学生终于明白了学习的目的不仅仅是为了获得分数,而是为了掌握知识,促进自身的发展。通过晨会,还使学生受到了深刻的道德情感教育,使学生学会了理解别人、宽容别人,促进了全班学生的整体发展,使评价的发展功能发挥得淋漓尽致。

(二) 等级制

所谓等级制,指的是对学生学习成绩和行为表现以等级划分的形式呈现。一般来说,等级划分可以采取以下几种方式:

1. 用分数线划等级

在百分制中,一般规定,85 分及以上为优秀,75—84 分为良好,60—74 分为合格,60 分以下为不合格。以分数线划等级,对试卷质量要求比较高,尤其是试卷的难易度要把握好,而且各科之间要基本平衡。如果试卷难度过高,不合格的比例会大大增加,如果试卷难度太低,会出现优秀等级"大量注水"的现象,使评价失去意义。如果学科之间难度不一致,成绩的可比性就会降低,致使很难对学生整体情况作出评价。

2. 用比例划等级

用比例划等级指的是根据参评人数的比例来划分等级,如规定优秀占 20%,良好占 35%,合格占 40%,不合格占 5%左右。用这种方法,每个等级的人数完全由参评总人数决定。这种方法很"保险",学科之间的可比性也比较强,但评价的激励功能消失了。学生再怎么努力,表现再好,一个班级里面总会有一部分同学被评为"不合格"。可见,用比例划等级会严重挫伤一部分学生的学习积极性。

3. 根据题目打等级

根据题目打等级指的是教师根据学生在考试中答题情况打等级,如规定,十道题目必须做对九道才能得优秀,做对五道以下为不合格。有的根据难度把题目分成"合格题"、"良好题"、"优秀题",由学生自己选做,一组题目做对 80%以上才能得到相应的等级,如某个学生"合格题"做对 85%,"良好题"做对 50%,那么他的等级只能是"合格"。这种方法比较符合教学实际,也有利于激发学生的进取心,但对命题技术要求很高。

4. 直接打等级

直接打等级指的是根据学生的总体答题情况,像平时批改作业一样,直接对学生表现打一个等级。这种方法简单快捷,等级的合理性与教师的责任心、教学经验、专业水平密切相关,直接打等级对教师整体素质要求较高。

等级制作为一种质性评价,具有标准模糊、过程随意、结果抽象等特点,为了确保等级制评价方式的效果,使用时应注意以下几点:

(1)要与其他评价形式相结合

等级是一种综合、抽象的成绩表示形式,只能表明学生学习的相对水平,不能显示其绝对水平,也不能具体表明学生发展中取得的进步和存在的问题。实施等级制,还必须与其他评价形式相结合。例如,每次测试除了给学生一个等级外,最好用批语的形式,具体指出哪些方面进步了,哪些方面还有不足,给家长和学生以努力的方向,将定量评价和定性评价有机结合起来,真正发挥评价的诊断和激励功能。

(2)要注重形成性评价

给学生打等级,不能仅仅看其学习结果,还要看其成长过程,不能按一次考试成绩划定等级,而要综合学生在一个学段中的整体表现,将终结性评价和形成性评价相结合。

(3)灵活设置等级

作为一种评价形式,等级制也要遵循评价的激励性原则,在设置等级的时候,可以根据实际情况灵活设置,发挥等级对学生的激励作用,如可以把优秀、良好、合格、不合格四个等级改为优秀、良好、合格、待合格四个等级。"待合格"表明学生还在发展之中,还有发展的空间,给学生一种自信和激励,要比"不合格"更人性化,能给学生更大的努力空间和希望之光,效果要好得多。

(三)评语制

1. 评语评价的含义

评语评价是教师以书面的形式对学生一段时期内的思想品德、学习情况、行为表现所作的定性描述,是教师对学生一个阶段发展情况的综合性评价。

评语不仅是教师对学生进行评价的一种方式,而且是师生进行交流的重要渠道,还是教师和家长沟通的重要手段。评语既要全面、准确地写出学生的思想表现,更要写出学生的学习态度、学生的个性;应该明确而具体地强化学生的优点、指明学生的缺点。评语既体现了教师对学生的关爱和希望,也渗透着教师的教育思想和艺术,大多数学生非常看重、在意教师的评语。

评语从类型上来说,一般可以分为作业评语和操行评语两种。作业评语指在日常教学活动中,教师对学生学科作业用文字的形式所作的评定;操行评语指在学期或学年末,教师对学生一学期或一学年的学习情况、行为表现所作的整体性的评价。在这里,我们重点讨论操行评语。

相比较分数制评价、等级制评价等评价形式,评语制评价具有适用范围广、反馈信息全面、弱化甄别等优点,但同时具有评价模糊、主观性强等缺陷。

2. 撰写评语应遵循的原则

评语制评价作为评价的一种具体形式,主要是通过书面语言向学生传递评价信息。教师在撰写评语时,必须遵循一些基本的原则,以确保评价的良好效果。

【案例】①

评语一:该生在校表现一般,能按时到校学习,参加班级活动,基本完成作业。但是,太贪玩,上课爱乱插嘴,做小动作,学习不专心,不刻苦。希望今后少做与学习无关的事,比如:看小说、打球、听流行音乐。要遵守课堂纪律,专心学习,提高成绩,争取进入班上前20名。

评语二:小虎,我们班的小球星。球场上的活跃,课堂上的大胆,生活中的爱好广泛,让你个性十足。看得出,你爱看课外书,肯动脑,乐于表达自己的观点。我常想,如果在学习中你能像赛场上那样不服输,有拼劲儿,思考问题能更深入、更专注,你一定会有更出色的表现。

上面两则评语,给人的感觉完全不一样。第一则评语,整体给人的感觉是生硬、平淡、压抑。首先从对学生的称呼来说,一个泛泛的第三人称"该生",有一种将人拒之千里的感觉,一下子拉大了师生之间的距离;其次,从评语内容来看,虽然客观,但却处处都是在数落学生的缺点,透露出的主要是教师对学生的不满;再次,在评语的最后,虽然教师也对学生提出了要求和希望,但却只鼓励学生追求高分数和在班里的名次,既给学生增加了心理压力,也不利于学生的全面发展。

再看第二则评语,使人感到亲切、轻松而又备受鼓舞。首先,一个"小虎"的称呼,

---

① 贾素芬:《读两则评语有感新课程研究》,《教师教育》,2007年第8期。

马上使人感觉到教师对学生的关切和爱护,温暖之情油然而生;其次,从评语内容来看,教师没有一味表扬学生,但也没有把学生说得一无是处,而是在肯定学生优点的基础上,又委婉地指出了学生的缺点,字里行间流露出的是教师对学生的鼓励、关爱及信任;再次,在评语的最后,教师既提出了对学生的希望,同时也使学生明确了自己的努力方向。相信每个学生得到教师这样的评价后,都会虚心接受教师的建议,改正自己的不足,发扬自己的优点,怀着对教师的尊敬,努力学习,以回报教师对自己的关爱。

任何一种评价方式,既可以促进学生发展,也可以阻碍学生发展。评语式评价,同样如此,它既可以成为激励学生不断前进的引擎,也可能成为浇灭学生学习热情的灭火器。教师必须慎重对待评语撰写工作,首先要加强对撰写评语工作的认识,不能把写评语看成是随便写几句的事;其次,要树立正确的评语观,不能把写评语看成是教师控制学生的"撒手锏",也不能把写评语当作是教训学生的好机会。为此,教师撰写评语必须遵循如下原则:

(1)客观性原则

客观性原则是学生评价的基本原则,因而也是教师写评语必须遵循的原则。写评语只有实事求是,不夸大、不缩小、不带偏见,才能使学生心悦诚服。例如,教师不能因学生的偶尔一次迟到,就草率地在评语中写上"有迟到现象"。动笔之前,教师应以负责的态度,对学生的全面情况进行深入的了解,尽可能多地掌握翔实的材料,而不能凭着主观印象武断地下结论。

(2)个性化原则

世界上没有两片相同的树叶,同样,每个学生的发展情况也不一样。因此,写评语要坚持"求异",而避免"求同"。只有写出了学生的特点,反映了学生的真实情况,学生感受到教师是经过一番深思熟虑,专门为自己一个人写的评语,才可能对教师的评价认可、接受,也才可能积极反思自我,使评语产生积极的效果。相反,面对千篇一律、公式化的评语,学生不仅不会有心理触动,而且会感到教师是在敷衍自己,甚至觉得教师根本不了解自己,进而影响到评价的效果。

(3)激励性原则

古人云:水不激不跃,人不激不愤。得到老师的鼓励,是每个学生心理上的需求。在为学生写评语时,一定要尽力诱发学生的积极动机,最大限度地调动学生的积极性和主动性,让评语变成学生前进的动力,而不是给学生设置进步的障碍。

【案例】①

　　　　该生热心参加集体活动,能配合体育委员开展工作,对班长的工作也能大力协助和支持。尚能认真完成班级交给的工作,在校劳动表现好,受好评。在学习方面,主观上想努力,但力度还不够,成绩上不够理想。希望进一步学习中学生行为规范,加强政治理论学习,力争在各项实践活动中得到更好的锻炼,在素质教育方面取得更大的进步。

　　这则评语并没有单刀直入地数落学生学习不用功,而是首先肯定了学生在体育活动、班级工作和劳动中的优点,之后对他的缺点含蓄指出并指明努力的方向,让学生感受到了教师的肯定、鼓励和期望。相信这样的评语,定能激发学生再接再厉的信心和勇气。

　　(4) 具体性原则

　　评语不一定要面面俱到,但必须具体。可以有针对性地就学生在某些领域取得的突出成绩或存在的明显问题进行评价,以学生一方面取得的进步来促进其他方面的进步,同样,以某一方面存在的不足来提醒学生其他方面存在的问题。

【案例】②

　　　　你的天真,纯洁与善良,如同一朵百合花含苞待放,祖国的明天需要你去装扮。努力吧,多吸收一点知识养分,让自己在明天绽放,为自己,为家人,更为国家,为社会,倾吐既得芬芳。

　　　　聪明的孩子,老师每天都能看到你的进步,你能坚持住吗? 别忘了,有困难时,我会帮助你的。继续努力吧,可爱的小精灵。

　　上面一则评语,给予了学生很高的评价,语言也很优美。但内容上却很空洞、笼统,让人看不出到底评了些什么东西,更难保证学生能从中明确努力的方向。

　　下面一则评语却不同,明确指出了学生的特点、优点和弱点,使学生既感受到了教

---

① 陈桂生:《到中小学去研究教育——"教育行动研究"的尝试》,华东师范大学出版社 2000 年版,第 171—172 页。

② 陈桂生:《到中小学去研究教育——"教育行动研究"的尝试》,华东师范大学出版社 2000 年版,第 153—154 页。

师对自己的肯定和期待,同时更体察到了教师对自己的关心。

【案例】①

　　该生最大的特点就是认真,能认真参加班组活动,尊师守纪,友爱同学,认真劳动,成绩良好,且稳步上升,但学得不够灵活,全面素质有待提高,特别要注意身体素质的锻炼,争取全面发展。

（5）指导性原则

尽管评语是在学期（学年）结束时写的,是一种终结性评价。但是评语既然是一种评价,它就应该具有"评定"和"指导"的双重作用。一个学期的结束,意味着一个新学期的开始,学生在新的学期应该继续朝着什么方向努力,怎样去努力,都需要教师给予指导和明示。

（6）发展性原则

评语是对学生目前发展情况的总结,但是总结并不是给学生下定论。学生是不断发展的人,因此,在评语中要避免进行结论式的评价,而要以发展的眼光看待学生,可以给学生提一些建设性的建议,而不是直接给学生作定性评价。

（7）连续性原则

学生的发展是连续的,那么评语也应该是连续的,每一次的评语撰写都应包含对上一次评语的反观与思考,做到前后相连,肯定学生的进步,指出学生尚需努力的地方以及在新的学期应达到的新目标。这样容易使学生看到自己的进步和成绩。

【案例】②

　　班上一个学生是个乡下的孩子,上课总是低头不语,不敢积极发言。第一个学期老师给了他这样的评语:"内向的性格是你朴实的表现,沉默的外表是你智慧的内敛,如果你再抬头看看,同学们都在投给你敬佩的眼神,他们更期望你能展示自己的才能,并期待你与他们交流。勇敢些,做一个大胆内秀

---

① 陈桂生:《到中小学去研究教育——"教育行动研究"的尝试》,华东师范大学出版社 2000 年版,第 171—172 页。
② 刘小华:《撰写评语六原则》,《教学与管理》(理论版),2006 年第 20 期。

的男孩。"第二个学期,当这个孩子有了明显进步时,老师又给了他如下评语:"你抬起了你低垂的头,老师看到了你的自信;你能说出自己的见解,同学看到了你的智慧;我们都在关注你的一切,记住:只要你坚持,一切皆有可能!"前后两次的评语深深打动了这个孩子,让他走入了勇敢的行列,乐于跟班上的学生交往,融入了班级浓浓的氛围。

案例中,教师前后两次评语是前后衔接和相互呼应的,第一次评语主要指出他不够勇敢,鼓励他要勇敢些。而当学生有了明显进步时,老师在第二份评语中就及时肯定了他的进步,并给他提出了更高的要求,希望他坚持下去。最终终于使学生克服了胆小、害羞的毛病,能勇敢地和同学交流、来往了。

(8) 多主体原则

长期以来,给学生写评语,好像是班主任老师的专利,其他教师没有给学生写评语的资格,也没有写评语的义务,学生、家长更是无权干涉。这样,不但加重了班主任老师的工作负担,同时也难免使评语质量受到影响。

因此,写评语要坚持多主体的原则,除班主任外,还要给其他教师和同学以"一席之地",变一人评价为多人评价。这样既能使对学生的评价更加全面、客观,也能发挥学生自我教育、自我反思的作用。学生互写评语,可以增进学生间的相互了解,在班内形成一种比、学、赶、帮、超的局面。条件允许的话,也可让家长参与给学生写评语,以了解学生在家的表现,增强教师和家长的沟通与交流,形成更大的教育合力。

3. 撰写评语时应注意的问题

评语式评价最终要通过书面语言来呈现,在评语中,语言的表达极为重要。用词是否得当、科学,将直接影响到评价信息的传递。教师在使用评语式评价时,必须注意以下几个方面:

(1) 语言要简洁明确

由于评语篇幅较短,因此,评语要言简意赅,清晰明了,几句话概括出一个学生的全貌。可以引用合适的谚语、俗语以及名人名言等,这样的语言含蓄深刻,发人深省,又具权威性,对学生口味,容易打动学生。如对一位聪明但向来马虎的男生,就可以引用韩愈《进学篇》中的一句:"业精于勤,荒于嬉;行成于思,毁于随。"

(2) 语言风格要因人而异

语言风格没有好坏之分,但有合适与否之说。对于不同的学生,教师要灵活运用不同的语言风格。对于男生和女生,性格外向型和性格内向型,与自己比较亲近的学生和与自己相对疏远的学生,教师的语言风格都应该有所区别。即使同一学生,在不同的年龄阶段,其语言风格也是不一样的。因此,教师要不断变换自己的语言风格,不能对所有的学生"一个腔调"说话,也不能一直用"老语气说事",评价的语气应不断变化。总之,只有用适合学生的语言风格为他写评语,才可能取得好的效果。

(3)语言要亲切

学生不仅通过评语的内容来了解教师对自己的评价,而且通过评语中的措辞来体会教师对自己的真实看法。亲切的用语很容易拉近学生与教师的距离,学生也更容易接受教师的评价。如在对学生的称呼上,不用生硬的第三人称"该生"的字样,可以直接说出学生的名字、甚至昵称或用第二人称"你",这让学生有一种亲切感。

(4)语言要生动形象

生动形象的语言,符合中小学生的年龄特点,容易被学生所理解和接受,而太死板、深沉、书面化的语言,不容易使学生所接受。如一位教师给一位小学一年级的学生这样写道:"要知道'万丈高楼平地起',不打好基础是不行的。"教师把学习打基础比喻成盖大楼,很容易被学生理解。

(5)语言要规范

评语不仅是教师对学生进行评价的工具,也是对学生进行教育的重要途径,这就要求评语语言要规范、科学,不出现错字、白字或词语不当现象,否则,既影响学生对评语的理解,也容易在认知方面误导学生,严重者还影响教师在学生心目中的形象和威信。

(四)评价报告单

1. 评价报告单的含义

评价报告单指的是用报告单的形式呈现学生一段时期的整体发展情况。评价报告单一般在学期末使用,它所呈现的内容比较全面,既有学生的平时表现,又有学生的期末表现。评价报告单主要是给学生与家长看的,也是教师全面总结学生个体学习情况的一个有力工具。通过学生自评、互评,教师评价和家长反馈等多种手段,对学生的课堂表现、作业完成、考试情况等内容逐一加以评定,评定可采用分数＋等级＋描述性语言的形式。

2. 评价报告单的特点

评价报告单简单明了，能一目了然地标示出学生一学期的发展情况，而且集质性评价和量性评价于一体，将过程评价和结果评价有机结合，使学生、家长既可以了解学生的现有发展水平，又可以从评语中看到存在的不足及将来的努力方向。

表 4-7　学生评价报告单示例

班级　　　　　姓名

评价指标		评价等级				评语
		A	B	C	D	
平时表现(占%)	课堂表现(分数)					
	活动表现(分数)					
期中考试(分数及所占百分比)						
期末考试(分数及所占百分比)						
总分						

评价报告单中的评语应包括两方面内容，一是总结性评价，即全面反映学生一段时期内的学习情况，包括进步与不足；一是寄语式评价，即真诚地给学生提出合理的学习与发展的方向和建议。

(五) 成绩曲线图

1. 成绩曲线图的含义

所谓成绩曲线图，就是将学生每一次的考试成绩都加以记录绘制成一张曲线图。成绩曲线图可分为两种：一种是班主任计算出学生个人每次考试总分与同学科组合均分的分差率，然后绘出该生几次考试成绩变化曲线图。由此变化轨迹，则可一目了然地看出学生的变化动态，为班主任的教学和管理工作提供直观可信的依据。另一种是任课教师计算出学生个人每次考试单科分与同学科组合单科均分的分差率，绘制出学生几次考试学科成绩变化曲线图。由此变化轨迹，则可清晰看出该生各学科的学习情况，从而为任课教师的培优补差提供有效信息。以上有关数据档案构成的曲线图，旨在让班主任、任课教师对每一位学生的学习演变过程有全方位的了解，以做到教育工作有的放矢、措施得力有效。同时，每个学生也可以对自己的发展状况有个整体了解。

为了让学生对自己的学习情况准确定位,我们还可以让学生自我绘制曲线图。比较点可以是总分,可以是某一学科分,可以是某一知识点得分。从图示变化,让学生自己去剖析成绩的演变,寻找变化的原因,思考解决的突破口。毕竟自己擅长什么,不擅长什么,自己哪些地方做得好,哪些地方做得不好,自己进步的诀窍是什么,自己落后的原因又是什么,学生自己再清楚不过。教师帮学生把脉找症状,有高度,有指导意义;学生自己把脉找问题,更实在,易操作。尤其是学生从曲线图的变化可以对自己进行准确定位,科学评价。同时自我反思过去的一段学习过程,总结过去学习方法的得失,寻求完善改进提高的方法。如此,可激发学生占据学习的主体地位,发挥自我主观能动性,从"要我学"到"我要学",从他人督促我到自我督促等。

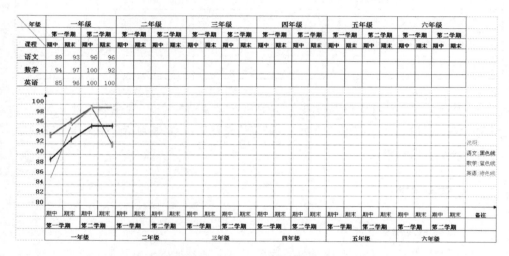

图 4-1　×××小学成绩列表曲线图

2. 成绩曲线图的评价理念

　　相比分数制、等级制和成绩报告单等评价结果的呈现形式,成绩曲线图充分体现了学生学习管理和学业评价的新理念:

　　(1)注重动态评价

　　分数制、等级制、学生成绩报告单只反映学生在某一时间段取得的成绩,而学习成绩变化曲线图则着眼于学生某一时间段的动态发展状况,通过描述学生学业发展起落轨迹展示学生学习的概貌。

（2）强调全面评价

以往，对学生的评价主要是依靠学生某一两次考试成绩，其间偶然因素难以避免。学习成绩变化曲线图则能较客观、全面地反映学生的学习情况，使班主任、其他科任教师和家长更全面、深入、多侧面地了解教师的教和学生的学，为改进教学创造良好的条件。

（3）突出自我评价

其他评价方式主要是由教师对学生评定后向家长报告，学习成绩变化曲线图则在教师指导下让学生相互比较、相互督促、自我反思，突出了学生的自我评价。

（4）兼顾定量与定性评价

学习成绩曲线图既对学生每次取得的成绩给予了定量评价，同时，通过对前后几次成绩的比较、分析、解释和利用，也将那些影响学生学习成绩的非智力因素以及一些不宜量化的内容纳入到了定性评价的范围。

（5）融合绝对评价和相对评价

通过成绩曲线图，既可以把学生当前的成绩与历次考查检测的成绩比较，利于发现学生发展的路径，预测学生学业成绩变化的趋势；又可以将学生之间、班级之间的成绩平行比较，利于发现彼此间的差距及各自的成功与不足之处。成绩曲线图中绝对评价和相对评价的有机融合，使学生个体、集体学有目标，进有标准。

3. 成绩曲线图的作用

作为一种新兴的学生评价结果呈现方式，成绩曲线图对学生的学习和教师教学也有着独特的作用。

第一，有助于教师分析学情，优化教育教学策略。学生学习成绩曲线图，可以把教师的视线引向关注学生学习成长的全过程，避免用一时一次学习情况对学生进行片面、不合理评价，有利于教师对学生相当长一段时间学习情况的整体评价，并对学情科学分析，从而形成更有利的教学策略，促进学生的健康成长。

第二，有助于教师把握学生发展动态，提高培优补差效率。学生学习成绩变化曲线图，涵盖了每个学生每次考试每门学科的演变情况，再加上班级管理档案中各项指标的评价，使教师对学生学习成长的动态一目了然，对培优补差对象、科目、知识点等也做到了心中有数，复习的补偿工作也就有的放矢，从而能提高培优补差的针对性、实效性。

第三，有助于发挥评价的激励功能，鼓励学生再接再厉。学生学习成绩变化曲线图,是学生学习成长的轨迹,既具动态性,又具连续性。其动态性,让学生看到自己发展的起落;其连续性,又让学生看到过去的成绩和发展趋势。曲线的攀升能激发学生再创辉煌、更上一层楼的自信,而曲线的下滑也能鼓舞学生迎头赶上、百尺竿头更进一步的斗志。

四、终结性评价应注意的事项

(一)要提前通知学生评价有关事宜

终结性评价通常与区别优劣、分出等级联系在一起,容易引起评价对象的焦虑。为减轻学生焦虑,教师应提前通知学生评价有关事宜,包括评价时间、评价科目以及评价形式,以使学生做好准备。

(二)要慎用评价结果

虽然终结性评价的主要目的在于对学生发展水平作出区分,以为教师和学校学生管理提供依据。但教师需切记,学生评价的目的是促进学生的发展,而非对学生进行鉴别。因而,对于终结性学生评价结果,教师要慎重对待和使用,只能将学生评价结果作为促进学生更好发展的依据,而不能将其作为惩罚学生的证据。

(三)要为下一阶段教学提供依据

学生发展具有阶段性,但更具有连续性,上一阶段的发展是下一阶段发展的基础和依据。同样,教师在新的时间段应该如何开展教育教学工作,也都以上一阶段的工作成效为起点和依据。这就要求终结性评价不仅要对某阶段内学生的发展水平作出鉴定和判断,同时,还要分析其中存在的问题、原因及可行性改进对策,为教师下一阶段的教学提供依据。

如前所述，教学过程可以从不同的层面理解，既可以将一节课理解为一个教学过程，也可以将一个单元的教学理解为一个教学过程，还可以将一个学期理解为一个过程。因而，从理论上看，根据教学的历时性对学生评价的分类只是相对的，而非绝对的。实践中，前一个教学过程的终结性评价可能就是后一个教学过程的诊断性评价或形成性评价，而后一个教学过程的诊断性评价也可能就是前一个教学过程的终结性评价。可以说，实践中诊断性评价、形成性评价和终结性评价相互交融和包含，三类评价相互提供信息和依据。这就要求我们在实践中，根据评价目的和实际情况，灵活综合运用不同的评价，使每类评价都能发挥其应有的功能，从而保证学生评价的科学性和实效性。

参考文献

1. 崔允漷、王少非、夏雪梅主编：《基于标准的学生学习成就评价》，华东师范大学出版社 2008 年版。

2. 丁朝蓬：《课程评价的理念与方法》，人民教育出版社 2003 年版。

3. 董奇主编：《有效的学生评价》，中国轻工业出版社 2003 年版。

4. 田友谊编：《当代学生评价的理论与实践》，华中师范大学出版社 2012 年版。

5. 龚孝华、徐勇：《新课程评价》，首都师范大学出版社 2004 年版。

6. 陈玉琨：《教育评价学》，人民教育出版社 1999 年版。

7. 覃兵：《课堂评价策略》，北京师范大学出版社，2010 年版。

8. 王斌兴编著：《新课程学生评价》，开明出版社 2004 年版。

9. 汪吉明主编：《中小学学生评价技巧集粹》，浙江教育出版社 2005 年版。

10. 王海芳主编：《学生发展性评价的操作与案例》，中国轻工业出版社 2006 年版。

11. 郑金洲主编：《基于新课程的课堂教学改革》，福建教育出版社 2003 年版。

12. 李冲锋：《课堂教学应变：案例与指导》，教育科学出版社 2010 年版。

13. 刘振东、赵国义主编：《新课程怎样评——来自实验区的报告》，开明出版社 2003 年版。

14. 贾群生：《回归生活的中小学教育评价》，浙江大学出版社 2004 年版。

15. 李志宏、王晓文主编：《新课程学生发展性评价》，新华出版社 2003 年版。

16. 刘本固：《教育评价的理论与实践》，浙江教育出版社 2000 年版。

17. 唐晓杰等编著：《课堂教学与学习成效评价》，广西教育出版社 2000 年版。

18. 万伟、秦德林、吴永军主编：《新课程教学评价方法与设计》，教育科学出版社 2004 年版。

19. 肖远军：《教育评价原理及应用》，浙江大学出版社 2004 年版。

20. 周卫勇主编：《走向发展性课程评价——谈新课程的评价改革》，北京大学出版社 2002 年版。

21. 钟启泉、崔允漷、张华主编：《基础教育课程改革纲要（试行）》解读，华东师范大学出版社 2001 年版。

22. 许爱红：《多元学生评价的理论与实践》，明天出版社 2005 年版。

23. 吴维宁主编：《新课程学生学业评价的理论与实践》，广东教育出版社 2004 年版。

24. 教育部：《关于积极推进中小学评价与考试制度改革的通知》，教基〔2002〕26 号。

25. 教育部：《国家基础教育课程改革实验区 2004 年初中毕业考试与普通高中招生制度改革的指导意见》，教基〔2004〕2 号。

26. 新课程实施过程中培训问题研究课题组编写：《新课程与评价改革》，教育科学出版社 2001

年版。

27. 〔美〕Grant Wiggins 著,国家基础教育改革"促进教师发展与学生成长的评价研究"项目组译:《教育性评价》,中国轻工业出版社 2005 年版。

28. 〔美〕Ellen Weber 著,国家基础教育课程改革"促进教师发展与学生成长的评价研究"项目组译:《有效的学生评价》,中国轻工业出版社 2003 年版。

29. 〔美〕Robert L. Linn, Norman E. Gronlund 著,国家基础教育课程改革"促进教师发展与学生成长的评价研究"项目组译:《教学中的测验与评价》,中国轻工业出版社 2003 年版。

30. 〔美〕Barton James, Angelo Collins 主编,国家基础教育课程改革"促进教师发展与学生成长的评价研究"项目组译:《成长记录袋评价　教育工作者手册》,中国轻工业出版社 2005 年版。

31. 〔美〕W. J. Popham 著,国家基础教育课程改革"促进教师发展与学生成长的评价研究"项目组译:《促进教学的课堂评价》,中国轻工业出版社 2003 年版。

后 记

学生评价是一个公众话题，但更是一个专业问题。尤其在新课程背景下，学生评价要求教师不但要树立科学的评价观念，而且要具备专业的评价技能。正是基于这样的认识，本书以日常教学中常用的诊断性评价、形成性评价和终结性评价为内容框架，介绍和探讨了三种评价类型基本的形式和方法，力求为教师进行学生评价提供一定的理论启示和实践性参考。

感谢恩师郑金洲教授，我博士毕业之后，虽很少有机会当面聆听恩师的教诲，但依然能有幸享受恩师给予的各种各样的学习机会。本书从框架构建到提纲制订，从写作构思到体例修改，都得到了恩师的悉心指导和及时点拨。感谢中国浦东干部学院的李冲锋师兄，从提纲制订到内容建构，他都给予了诸多建议和帮助。感谢我的硕士研究生王静对书稿作了认真的校对。爱人肖广军也时时关心着书的进展。本书在写作过程中，还参阅了许多学者相关的研究成果，特别是引用了一线教师的许多案例，在此向他们一并致谢！

学生评价是一个要题，也是一个难题，实践中仍有许多问题需要我们进一步探讨和研究。由于作者水平和精力所限，书中不周之处在所难免，敬请各位读者批评指正。让我们为更科学、有效的学生评价共同努力！

李玉芳

2014 年 9 月